Nathalie de Boisgrollier

ÉLEVER SON ADO SANS BAISSER LES BRAS

Guide pratique de l'éducation positive

Albin Michel

Du même auteur

Chez Albin Michel

Élever ses enfants sans élever la voix. Guide pratique de l'éducation bienveillante, 2014

Heureux à l'école : tout commence à la maison. Le guide pratique des parents bienveillants, 2016

Chez d'autres éditeurs

La Vie cachée des émotions des petits, Hatier, 2018

La Vie cachée des émotions des grands, Hatier, 2018

Jeu

Les Jeux du bonheur. Quatre jeux pour comprendre ses émotions et apprendre à être heureux, Hatier, 2019

À mes enfants (aujourd'hui 18 et 21 ans),
qui m'ont emmenée dans l'élan de la vie
et qui sont une vraie source d'inspiration.

Sommaire

Introduction 11

1 - Premiers repères 17

2 - Changer notre regard 53

3 - Qu'est-ce que nos ados nous disent ? 105

4 - Les besoins et les émotions des adolescents 113

5 - Être parent d'adolescent 163

6 - Bien communiquer 219

Conclusion 243

Bibliographie et ressources 245
Annexes 247
Table des matières 249

Introduction

- Votre ado est affalé sur le canapé quasiment en permanence.
- Votre ado ne vous adresse presque plus la parole.
- Votre ado se met en colère contre vous à tout bout de champ.
- Votre ado claque les portes, hurle, vous accuse de lui pourrir la vie, vous insulte.
- Votre ado se maquille derrière votre dos.
- Votre ado a essayé de mettre le feu à la poubelle de son lycée.
- Votre ado ne veut pas travailler.

Il vous use ; vous n'en pouvez plus : « Où est passé ce petit ange qui faisait des câlins et obéissait sans rien dire ? » Tous les adolescents ne poussent pas à bout leurs parents. Pourtant, que d'histoires similaires entend-on !

Le nombre d'articles consacrés au « phénomène » de l'adolescence sur les sites de parentalité témoigne du désarroi grandissant des parents face à leur ado. Il montre aussi le souci qu'ont les parents de bien faire pour le bien-être de leur enfant. Investis dans son parcours scolaire et sa réussite, ils veulent très souvent lui donner « ce qu'ils n'ont pas eu » pour mieux le préparer à la vie d'adulte.

Pendant l'adolescence, l'enfant se transforme et naît à lui-même à mesure qu'il expérimente, qu'il s'ouvre au monde, qu'il prend conscience de son individualité et se projette dans ce monde. C'est pour cela que l'amitié et la relation à ses pairs sont si importantes : elles sont un outil de prise de conscience de soi. L'autre joue le rôle de miroir. Pendant toute cette transformation, qui s'étend sur plusieurs années, votre ado a besoin de se sentir pleinement accueilli dans tout ce qu'il est, de se sentir en sécurité matérielle et affective. Il a besoin de savoir qu'il a le droit de faire des erreurs, d'hésiter, de tâtonner… Autant d'éléments indispensables à son bien-être afin qu'il puisse vivre sereinement cette période de défis intenses.

Notre société est en pleine mutation. Elle a besoin plus que jamais d'adultes bien dans leur temps, dotés d'un mental fort. Éduquer un enfant afin d'en faire un adulte capable d'affronter les obstacles de l'existence et de relever les défis à venir lui donnera les atouts nécessaires.

Nous savons que la vie a ses moments de souffrances et d'épreuves, desquels nous pouvons apprendre beaucoup, mais elle a aussi ses moments joyeux et ressourçants qu'il faut cultiver. L'adolescence peut être une période de souffrance : il n'est pas facile de se confronter à autrui, de prendre conscience de ses limites et de ses différences. Répondre aux questions « Qui suis-je ? » et « Où est ma place dans ce monde ? » est une quête laborieuse pour l'adolescent. Vivre perpétuellement avec cette douleur peut générer de l'anxiété, ce qui n'est pas sans répercussions sur le cerveau : forte production de cortisol, niveau de stress élevé, difficultés pour se lancer dans de nouveaux apprentissages, troubles de la mémoire, etc. C'est pourquoi il est parfois bon d'orienter l'adolescent vers un professionnel de l'écoute et de l'accompagnement. L'adolescence de votre enfant fera peut-être écho à votre propre histoire. Dans ce cas, ce sera à vous d'aller consulter un professionnel afin de vous libérer de vos peurs et de faire grandir le lien d'attachement[1] avec votre enfant ou le restaurer.

Pour les parents, l'adolescence est une phase passionnante de la construction du futur adulte ; c'est un temps où il faut être présent auprès de nos jeunes, certes d'une manière nouvelle, mais bien présent. On entend souvent dire : « Petits enfants, petits soucis ; grands enfants, gros soucis ». Ce n'est pas systématique. Fort heureusement, cette période peut aussi être synonyme de « grands enfants, grandes joies ».

---

1. La théorie de l'attachement a été élaborée par le psychanalyste anglais John Bowlby dans les années 1960. Le lien d'attachement se construit pendant la grossesse et se renforce à travers les gestes de maternage. Il s'établit en premier lieu de l'enfant vers sa mère avant toute autre personne. Voir mon livre *Élever ses enfants sans élever la voix. Guide pratique de l'éducation bienveillante*, Albin Michel, 2014, p. 39.

Vous le savez peut-être, nombre de nos difficultés d'adulte – telles que la dépression, le harcèlement, le manque d'énergie, certaines maladies chroniques voire des difficultés d'emploi – trouvent leur origine dans l'enfance et dans l'adolescence. Paradoxalement, l'adolescence peut être une période propice pour dénouer des difficultés apparues dans l'enfance, ou consolider des forces. C'est un moment où les parents peuvent contribuer à révéler le potentiel de leur jeune, lui donner des outils pour prendre soin de lui, être bien dans sa peau, réussir et faire face aux aléas de la vie[1].

Nous prenons vite la mauvaise habitude de compenser un manque d'amour ou de reconnaissance par la surconsommation, l'hyperactivité et parfois par des addictions. Le psychanalyste québécois Guy Corneau constatait qu'un besoin d'amour blessé se transforme invariablement en volonté de puissance et donc instaure un rapport de force[2]. Contraindre un jeune en devenir par la violence physique ou psychologique fait de lui plus tard un faible ou au contraire un « ogre » qui réussit de façon éclatante. Un ogre peut être un boulimique de travail, de la vie ou quelqu'un qui « dévore » les autres… ou les deux. Pablo Picasso a franchi des pas énormes dans l'art pictural, mais il a aussi eu des relations familiales particulièrement destructrices. Luciano Pavarotti a été un chanteur d'opéra accompli et populaire. Il semble que son combat pour la vie ait été essentiellement un combat pour dépasser ses faiblesses. Malheureusement, pour un Pavarotti, combien de vies brisées ?

Beaucoup de parents ont une relation de contrôle sur leur enfant. Dans ce livre, je vous propose de mieux comprendre les enjeux de l'adolescence et je vous donne des outils à mettre en place dans la vie de tous les jours pour changer le rapport que vous avez avec votre fils ou votre fille.

---

1. L'Organisation mondiale de la santé (OMS) a baptisé ces capacités « les compétences psychosociales » (voir p. 144).
2. Guy Corneau, *Le Meilleur de soi*, Robert Lafont, mars 2007.

Le psychologue américain Martin Seligman[1] a travaillé sur ce qu'il appelle la « résignation acquise », qui fait que, même adulte, on ne se sent pas autorisé à changer les choses, à prendre des initiatives… Il en a tiré une approche nouvelle : la psychologie positive. La notion d'éducation positive – ou encore d'éducation bienveillante –, qui nous vient des États-Unis et du Canada, est le fruit de recherches, de travaux dans différentes disciplines, telles que la psychologie, la science du comportement, la science de l'éducation, les neurosciences. De quoi parle-t-on ? D'un équilibre entre une éducation trop autoritaire et une éducation laxiste, d'une pédagogie qui prend en compte les besoins de l'enfant tout en construisant une relation de collaboration gagnant-gagnant entre l'éducateur et l'enfant[2].

Si vous avez ce livre entre les mains, c'est que vous êtes probablement prêt à évoluer et que vous voyez les difficultés comme des opportunités pour changer vos façons de faire ; il est toujours temps de modifier votre comportement vis-à-vis de votre adolescent. La bonne nouvelle, c'est qu'il est toujours possible d'acquérir de nouvelles compétences. Cela demande d'accepter nos imperfections et de reconnaître nos erreurs, et le courage de changer nos pratiques. Oui, il faut « ozer[3] » et ne pas attendre des résultats immédiats. Pour être honnête avec vous, je dirais qu'il faut entre six mois et un an, en fonction de l'éducation déjà mise en place, pour récolter les premiers fruits de l'éducation positive : c'est le temps nécessaire pour réinstaurer le dialogue et la confiance. J'ai changé complètement d'approche avec mon aîné lorsqu'il était à la fin de sa troisième. J'avais constaté que la plupart de nos échanges se focalisaient sur ses résultats scolaires, les « il faut », la pression, le chantage, les « si tu ne fais pas ceci ou cela, je t'enlève ta console ». Je voyais bien que non seulement cela ne marchait pas, mais que cela

---

1. Né en 1942, chercheur en psychologie et professeur à l'université de Pennsylvanie.
2. Voir mon livre *Élever ses enfants sans élever la voix*, *op. cit.*, p. 28.
3. Clin d'œil à l'association Oze, que j'ai créée en 2011, qui développe des outils pour une approche éducative bienveillante à destination des parents et des professionnels (educationpositive-oze.fr).

abîmait aussi le lien d'attachement qu'il y avait entre nous. Notre vie quotidienne était faite de petits sabotages mutuels et l'ambiance était chaque jour plus lourde. J'ai pris alors conscience que je ne voulais plus vivre de cette façon avec mes enfants et j'ai commencé à mettre en place les principes de l'éducation positive.

La psychologie positive et l'éducation bienveillante sont une philosophie de vie. Peu à peu vous mettez en place de nouvelles façons de faire. Vous tâtonnez, vous réajustez. Et progressivement, sans que cela soit acquis définitivement pour autant, « la mayonnaise commence à prendre ».

Baisser les bras est tentant, mais la négligence est une forme de maltraitance. Certes, nos rythmes de vie ne simplifient pas les choses. Pourtant, ignorer les mauvais comportements de nos enfants, attendre que ça passe en faisant le dos rond… est une forme d'abandon. Nos jeunes ont besoin d'être guidés, soutenus, encouragés, bousculés, mis en situation de faire des choix… mais certainement pas laissés à eux-mêmes !

1

PREMIERS REPÈRES

Petite histoire de l'adolescence

L'adolescence n'a pas toujours été telle que nous l'entendons aujourd'hui. Ce n'est pas une donnée universelle : ses contours changent à travers le temps et les lieux.

Dans l'Antiquité et pendant de longs siècles, des rites encadraient le passage de l'enfance à l'âge adulte et lui donnaient du sens. Chez les peuples premiers, ces rites perdurent. Ils se déroulent le plus souvent sur quelques jours. De par leur caractère collectif, ils nous paraissent parfois violents. Ils marquent de façon tranchée une coupure entre l'enfance et l'âge adulte : ils délimitent une classe d'âge qui se reconnaît entre pairs et établissent une séparation d'avec la famille, en particulier de la mère.

Les rituels de tatouage, de piercing… symbolisent la transformation du corps. Pour certains adolescents aujourd'hui, ces rituels peuvent conduire à l'automutilation. Ils leur permettent d'éprouver leur résistance à la douleur et leur indifférence à la peur pour se sentir exister, pour se dépasser.

Étymologiquement, « adolescence » vient du latin *adolescere*, qui veut dire « grandir » – *adelescens* signifiant « en train de grandir », et *adultus* « qui a fini de grandir ». Pour l'historien, c'est à la naissance de la famille moderne, à partir du XVIIIe siècle, qu'apparaît la notion d'adolescence. À cette époque, le terme n'existe pas encore. On parle plutôt de « jeunes gens », essentiellement issus de la bourgeoisie aisée.

Dans cette société très hiérarchisée domine la conviction que l'enfant naît faible voire mauvais, il faut donc l'« éduquer » (du latin *educere* : « faire sortir », « conduire ailleurs »). Dans ce contexte émerge une idée nouvelle : selon Jean-Jacques Rousseau, l'enfant est fondamentalement bon et la société doit se garder de le corrompre. Dans *Émile*, Rousseau propose que l'enfant soit éduqué comme un homme en vue de ses propres besoins et non pour la commodité de ceux qui l'élèvent.

Dans les campagnes, puis dans les villes à partir de la révolution industrielle, l'enfant travaille très tôt. C'est seulement à la fin du XIXe siècle que sont édictées les premières lois sur l'âge minimum requis pour travailler… et qu'on généralise la scolarisation des enfants. Sous la Troisième République on commence à éduquer les jeunes; avec l'instauration des lois Jules Ferry (1881-1882), la scolarité obligatoire s'arrête à 12 ans. À cette époque, il est seulement question d'une enfance qui se prolonge un peu, parallèlement à l'allongement de la scolarité. Pour l'immense majorité des enfants, l'école se termine entre 10 et 14 ans. Après quoi, il leur faut travailler. Ce n'est qu'en 1936 que la scolarité obligatoire est étendue à 14 ans, et en 1959 à 16 ans.

Même si le terme « adolescence » n'existe toujours pas, c'est les jeunes gens du XIXe siècle qui façonnent l'image de l'adolescence que l'on a aujourd'hui. Ces jeunes gens éduqués acquièrent très tôt une certaine indépendance financière. Certains en abusent… et la presse, toute nouvelle, n'hésite pas à relayer ces débordements. Il y a de plus en plus de personnes capables de lire et donc de plus en plus de lecteurs. La presse devient une caisse de résonance qui amplifie les faits. À cette époque, elle utilise des titres racoleurs pour parler des adolescents, de leur violence et de leur anticonformisme. Se développe alors une peur de l'adolescent et de ses débordements. On va jusqu'à enfermer les jeunes bourgeois dans des internats pour mieux les surveiller et les dresser. On a peur de la masturbation, du sexe, des mauvaises rencontres. Les jeunes gens sont dangereux pour eux-mêmes et pour les autres. Ils pourraient menacer l'ordre établi.

Ce phénomène s'amplifie progressivement avec l'arrivée de jeunes issus du milieu rural qui viennent grossir les faubourgs. Beaucoup sont sans attaches, ce qui renforce ces peurs.

Tout manque d'ordre fait donc craindre le manque de respect, la remise en question de la société, de l'autorité d'un père, d'un chef d'atelier, etc. L'expression individuelle n'a pas sa place et elle est réprimée dans l'œuf. Quant à ceux qui s'affirment avec trop de bruit, ils connaîtront les maisons de redressement[1]...

À cette époque, on note cependant des points de vue différents. Par exemple, en 1890, des psychologues sociaux comme Gabriel Tarde préfèrent mettre en cause l'environnement d'une jeunesse laissée à l'abandon. C'est très surprenant et très novateur.

En 1901, sur dix-huit condamnés à mort, on a recensé onze mineurs (qui avaient donc moins de 21 ans). En 1906, la France crée des tribunaux pour les jeunes qui mettent en œuvre une justice intermédiaire pour les 13-21 ans. On parle alors de « criminalité adolescente effrayante[2] ».

La récupération de cette classe d'âge fait l'objet d'une lutte entre l'Église et l'État. Il faut rendre les citoyens loyaux et fidèles aux idées de la religion ou de la république. Du côté laïque comme du côté religieux, une prise de conscience générale se fait : il devient nécessaire d'éduquer les jeunes avec des valeurs positives. 1907 voit la naissance du scoutisme tandis que, du côté laïque, la Ligue de l'enseignement lance, sous l'impulsion d'Édouard Petit, un mouvement pour l'encadrement postscolaire afin de prolonger l'action de l'école jusqu'au régiment.

En 1963, l'anthropologue Margaret Mead montre que dans certaines cultures il n'y a pas de notion d'adolescence. Dans les îles Samoa, « les rencontres sous les palmiers entre adolescents des deux sexes sont monnaie courante[3] ». À la même époque, en Occident, l'enfant est écarté de toute information sexuelle[4].

---

1. Bien plus tard, en 1959, le film de François Truffaut *Les Quatre Cents Coups* montrera ces maisons de correction.
2. Véronique Bedin, *Qu'est-ce que l'adolescence ?*, Éditions Sciences humaines, 2009.
3. Margaret Mead, *Adolescence à Samoa*, 1928, citée dans l'ouvrage collectif *Les Grands Penseurs des sciences humaines*, Éditions Sciences humaines, 2016.
4. Alain Braconnier et Daniel Marcelli, *L'Adolescence aux mille visages*, Odile Jacob, 1998.

L'apparition et le développement de l'adolescence sont finalement liés à la disparition du travail des enfants, grâce à la mise en place de la scolarité obligatoire et à l'allongement progressif de sa durée. Ce constat est réalisé une première fois par le sociologue américain Talcott Parsons (1902-1979) en 1942. C'est en 1962 que le sociologue et philosophe français Edgar Morin formalise l'idée de « culture adolescente » : langage, mode vestimentaire, musique, etc. Dans *L'Esprit du temps*[1], il définit ce sentiment d'appartenance à une classe d'âge et apporte une dimension sociologique à cette culture. Les politiques et les entreprises vont s'en saisir. Derrière Morin, les psychologues et les économistes viendront compléter la définition multidimensionnelle de l'adolescence.

Car le phénomène est amplifié par le développement de la société de consommation. L'argent de poche fait son apparition. Le vinyle et le transistor permettent d'avoir sa musique à soi, celle que l'on écoute loin des parents. En France, la génération yé-yé devient la première à porter un nom. La jeunesse a désormais son festival, sa mode vestimentaire et ses premiers engagements sociaux. C'est aussi la génération *peace and love*.

L'abaissement de la majorité de 21 ans à 18 ans en 1974 en France n'a aucune influence sur la montée en puissance de l'adolescence. Le moment symbolique qu'est la fin de la minorité est de moins en moins le marqueur du passage à l'âge adulte. À partir du milieu des années 1980, on définit davantage la jeunesse comme une phase complexe de transition entre l'enfance et l'âge adulte.

Le développement du marketing fait de l'ado une cible à part entière. Des marques leur sont spécifiquement dédiées et les jeunes franchissent encore une marche vers une plus grande indépendance. Le marketing a façonné une image de ce que doit être l'adolescence. Il joue avec des croyances et peut même en créer. Il ne s'agit nullement de répondre à des besoins fondamentaux.

1. Edgar Morin, *L'Esprit du temps*, Grasset-Fasquelle, 1962.

Trois paramètres se conjuguent pour faire durer l'adolescence : l'allongement des études, les difficultés d'insertion dans le monde professionnel et la volonté des marques de dissocier les cibles. Ce cocktail de forces achève de faire de l'adolescence une période de maturité de la personne qui n'existait pas il n'y a pas si longtemps. C'est donc une construction de l'environnement.

On voit d'ailleurs apparaître le terme « adulescents » pour décrire les personnes conservant des caractéristiques de l'adolescence alors qu'elles ont atteint l'âge adulte, soit environ de 18 à 25 voire 28 ans.

Je préfère parler des « jeunes » pour évoquer cette période de la vie qui démarre à la fin des études secondaires, au moment où l'on « s'installe » dans la vie, entre 18 et 30 ans. L'entrée dans la vie adulte est jugée aujourd'hui progressive, avec des contours de moins en moins définis. Ce n'est plus l'arrivée de l'enfant (plus tardive) ou l'entrée dans la vie active (complexe voire perturbée) qui marquent le passage à l'état adulte.

Cette vision d'une adolescence qui s'allonge est celle de la société. Quand on interroge les jeunes, ceux-ci ont plutôt un ressenti qui leur est propre. Chacun se sent devenir adulte avec des repères différents. Il y aurait autant d'adolescences que de familles ou de jeunes. Ce ressenti est nourri par ce que la famille et l'environnement ont apporté à chacun pendant l'enfance et le début de l'adolescence.

« L'expression de "crise de l'adolescence" et les phobies qu'elle suscite sont d'ailleurs à l'image des hantises de l'ordre bourgeois : explosion de la sexualité, peur des "amitiés particulières" chez les garçons, de l'hystérie féminine, des révoltes et des "insubordinations lycéennes"[1]. » Cette vision psychologique de la transformation du corps se voit dans bien d'autres transformations de l'adolescent, notamment les transformations émotionnelles : connaissance et prise de conscience

1. Martine Fournier, « La naissance de l'adolescence », *Sciences humaines*, nº 110, novembre 2000.

de soi et de soi dans le monde… L'adolescent peut commencer à agir dans le monde.

Nous voyons combien il est important de se poser des questions et de trouver des pistes pour accompagner nos ados afin qu'ils se sentent adultes plus tôt et/ou plus facilement. Leur bonheur nous tient à cœur. Nous voulons le meilleur pour eux. Nous sommes parfois conscients de nos maladresses. Quels comportements devrions-nous adopter, nous parents et éducateurs, pour ne pas en faire d'éternels adolescents ?

La vie c'est le mouvement, c'est la liberté. Chaque génération a besoin de marquer son temps. Il n'est pas facile d'accueillir la différence, d'autres idées, d'autres façons de penser le monde. Se joue avec plus ou moins de bienveillance une lutte de génération entre nous et nos adolescents. Car bien peu d'entre nous ont appris à coopérer : quand chacun peut être reconnu pour ses talents, ses compétences et non pour la peur qu'il suscite.

Je vous invite à changer de regard sur nos adolescents. Il est temps d'être dans la confiance et l'accompagnement plutôt que d'avoir peur de leur transformation ou de chercher à contrôler leur devenir. Craindre qu'ils prennent la liberté de faire ce que nous n'avons pas su faire est le meilleur moyen de les brider. Les pages qui suivent vous donneront des solutions pour vous mettre sur la bonne voie.

Photographie de l'adolescence aujourd'hui

Pour le pédopsychiatre Marcel Rufo, « l'adolescence, c'est le retour à la réalité. Après l'émerveillement de l'enfance, les jeunes découvrent la désillusion sur soi (je ne deviendrai pas cosmonaute) et sur les parents (je pensais que mon père était le plus fort du monde… c'est faux)[1] ».

Je dirais simplement que c'est un moment de latence, un passage de l'enfance à l'âge adulte. C'est l'achèvement de la construction de la personnalité et la prise de distance avec les parents.

En tout cas, l'adolescence n'est pas une maladie ! C'est un processus d'individualisation, une étape au cours de laquelle on apprend à s'aimer et à trouver sa place, une phase où la quête du sens de la vie prend une grande importance.

Même s'il y a autant d'adolescents que de familles, un certain nombre de points communs les caractérisent :

- ils sont hyperconnectés et font une utilisation intense, voire effrénée, des réseaux sociaux et des outils numériques en général ; ils demandent à Google la réponse à n'importe quelle question ;
- ils avouent un goût prononcé pour les voyages ;
- ils font des études plus longues ;
- ils vivent plus longtemps chez leurs parents ;
- ils ont bien intégré la mondialisation ; ce libéralisme se reflète dans la société de consommation (pour beaucoup, la consommation – d'études, de musique, de jeux vidéo, de vêtements… – est un des rares espaces de liberté et d'expression) ; pour autant, ils ne sont pas naïfs, ni sur les forces en présence ni sur les défauts du système ;

1. Dr Ada Picard, « Ados : que faire quand on est parent ? », www.onmeda.fr, 2 novembre 2016, d'après une interview de Marcel Rufo par Christilla Pellé-Douël de janvier 2008.

- ils montrent un désintérêt et un désengagement très marqués pour la politique traditionnelle ;
- ils s'engagent volontiers dans des actions bénévoles ;
- ils remettent largement en cause le mariage… même si c'est parfois ambivalent car la valeur « famille » reste importante ; il y a un fort imaginaire autour de la cellule familiale et un fort attachement à celle-ci, qui ne reste souvent qu'un idéal ;
- ils adoptent des mœurs libérales : ils sont capables de relations sexuelles sans affection, sans engagement et sans attachement (on parle de « copain sexuel »). Ils sont ouverts au « polyamour » et d'une grande tolérance sur les pratiques sexuelles les plus variées. Dans leur tête, ils aspirent à trouver le partenaire idéal, mais dans les faits c'est beaucoup plus compliqué…

En ce qui concerne les comportements écologiques et responsables, les jeunes se montrent moins impliqués que le reste de la société.

> *À titre d'exemple, en juin 2010, 55 % d'entre eux déclarent faire des économies d'eau (contre 69 % chez les 30 ans et plus), 36 % trient systématiquement les piles, le verre, les emballages et le papier (contre 60 % chez leurs aînés)*[1].

Notons cependant que les comportements sont en train de changer et peuvent changer très rapidement. Retenons enfin que les adolescents sont « façonnés » par quatre cercles d'influence principaux :
- d'abord leurs pairs, leur petit groupe de copains et les réseaux sociaux ;
- ensuite l'école et les professeurs ;
- le monde de la consommation ;
- enfin les parents, la famille.

La proximité d'un cercle n'est pas du tout corrélée à l'importance de l'ascendance qu'il exerce. L'influence des parents varie notamment

1. Étude du Credoc, « Les jeunes d'aujourd'hui : quelle société pour demain ? », *Cahier de recherche*, n° 292, décembre 2012.

en fonction de la qualité du lien d'attachement créé dans l'enfance et entretenu ou renouvelé à l'adolescence.

Une société de surconsommation

Nous vivons dans une société de consommation depuis le début des années 1980, soit presque deux générations. Le phénomène n'a cessé pourtant de s'intensifier. Après le fast-food, d'autres secteurs sont touchés par le *fast*. Ainsi la *fast-fashion* aux conséquences négatives : vêtements à peine portés, qualité en baisse, stocks d'invendus en augmentation, gaspillage et pollution…

Ces achats compulsifs sont alimentés pas une redoutable machine marketing, elle-même désormais construite sur une excellente connaissance des fonctionnements psychologiques et sociologiques. Les entreprises utilisent les connaissances scientifiques pour gagner la compétition face à leurs concurrents. Ce faisant, elles travaillent inlassablement, et avec de plus en plus de succès, à créer des besoins. Dans le domaine des achats des jeunes, on appelle cela le syndrome KGOY (pour *kids getting older younger*). Autrement dit, « les enfants grandissent plus tôt ». Cette approche marketing qui cible les jeunes consommateurs s'est largement renforcée avec l'arrivée d'Internet[1].

La consommation devient le premier voire le seul espace d'autonomie donné aux jeunes. Et ils s'en saisissent d'ailleurs très volontiers ! Ils savent obtenir tout ce qu'ils désirent en passant des heures à échanger des combines sur les réseaux sociaux ou en mettant en place un *crowdfunding*[2] auprès de la famille, voire/ou en travaillant pour compléter la somme dont ils ont besoin. Les marques investissent beaucoup sur cette cible qui a un pouvoir d'achat très important d'une part grâce à l'argent de poche et d'autre part grâce au pouvoir d'achat des

1. Lire à ce sujet l'ouvrage de Valérie Halfon, *Tout le monde en a un, sauf moi. Libérer nos enfants de la surconsommation*, Albin Michel, 2019.
2. *Crowdfunding* : financement participatif.

parents. Le pouvoir prescriptif des adolescents augmente dès lors que les parents se disent : « Ça va lui faire plaisir. »

Parents, vous pouvez prendre les professionnels du marketing de vitesse ! Il y a au moins deux tactiques : ouvrir tôt un espace de liberté à vos enfants, autre que celui de la consommation (j'y reviendrai tout au long de ce livre), et éduquer leur rapport à l'argent.

Un grand adolescent avait une opportunité de voyage mais pas le budget. Ses parents lui ont dit : « OK, nous le finançons pour que tu profites pleinement de cette occasion exceptionnelle. Mais nous te demandons de nous rembourser plus tard. »

OUTIL

Éduquer à la consommation

Pour responsabiliser un jeune qui souhaite faire un achat, invitez-le à répondre à quelques questions :

– « En as-tu vraiment besoin ? »
– « Crois-tu vraiment que ces chaussures à 10 € sont de qualité et pourront durer ? »
– « Est-ce que tu crois que tu porteras ce vêtement plus d'une fois ? »
– « Penses-tu que la planète peut supporter que nous consommions de cette façon ? »
– « Est-ce que tu ne verrais pas une autre façon de te procurer ce produit : te le faire prêter, l'acheter d'occasion… ? »
– « Sais-tu qu'il existe tel label (de qualité, de provenance…) qui te permettrait de faire un achat plus responsable ? »
– Etc.

La consommation de vêtements, de loisirs, d'images devient, par défaut, une source d'information, mais une source particulièrement pauvre. Si les parents et les éducateurs n'apportent pas une dimension éducative en complément, nos jeunes peuvent devenir de simples unités de consommation, bien loin de l'idéal que la plupart des adultes imaginent pour leurs jeunes. C'est aussi le cas dans le domaine affectif et sexuel (j'y reviendrai p. 168).

Sur ces questions de consommation et d'actes d'achat, rappelons que l'être humain ne peut pas vivre sans désir. Et celui-ci n'est suscité que par le manque et même la frustration. C'est plus souvent le chemin à parcourir qui procure satisfaction et plaisir que l'objectif final, qu'on l'atteigne ou non (complètement ou partiellement). Alors comment apprendre à nos jeunes la patience, leur donner le sens de l'effort, le goût de la résolution de problèmes, sans brimade ni rabaissement psychologique si ce n'est en leur fixant des limites, notamment à la consommation ? Vivre avec passion, c'est trouver de la satisfaction à se dépasser et à découvrir ses capacités, ses talents. C'est d'ailleurs bien cela que certains ados essayent d'éprouver par des comportements à risques ou dans des activités qui leur procurent un shoot d'adrénaline : ils testent leurs capacités physiques, repoussent leurs limites pour se sentir vivants. Souvenez-vous à quel point votre enfant aimait déjà se dépasser à 5 ou 6 ans : escalader, sauter une, puis deux, puis trois marches. Il riait simplement du plaisir de sentir son corps bouger. L'ado a les mêmes pulsions de vie ; à nous de lui permettre de les exprimer dans un contexte positif.

L'excès d'activités

La société véhicule une sorte de dogme collectif : on ne doit pas s'ennuyer un seul instant. Au cinéma ou à la télévision, un plan ne doit pas excéder trois secondes ; une émission doit être marquée par des changements de rythme. On craint le silence : la musique – et même la télévision – est omniprésente dans les restaurants par exemple. Le point de départ de cette pratique est bien d'occuper le temps de conscience pour que l'acte d'achat soit toujours plus instinctif. Ce mécanisme est confirmé autant par les études scientifiques dans le champ des neurosciences que par les résultats de terrain en termes de chiffre d'affaires !

À tel point qu'émerge un contre-courant qui promeut l'importance du temps libre et l'art de savoir paresser, dont la presse se fait l'écho. On fait l'éloge de l'ennui, de la lenteur... : la *slow food*, la *slow life*... Si la mode du « slow » reste l'affaire d'une minorité, elle est révélatrice du besoin de rompre avec la course au « toujours plus », « toujours plus vite ».

Nous sommes inévitablement imprégnés de cet état d'esprit et tombons dans le piège de l'excès d'activités pour nos enfants et nos adolescents : je rencontre des enfants de 5 ans qui en ont déjà fait et vu plus que bien des adultes. Quand leurs finances le leur permettent, certains parents n'hésitent pas à emmener leur progéniture faire un safari photo en Afrique du Sud. D'autres enfants cumulent déjà trois activités périscolaires ou de soutien scolaire. Untel pratique la voile depuis qu'il a 4 ans car son papa rêve de partager cette activité avec lui. Il fait aussi de la musique car on dit que c'est un très bon support pour les maths, et encore du scoutisme pour développer des valeurs de solidarité et d'autonomie. Sans oublier la natation (pour savoir nager avant de monter sur le bateau) et l'anglais (qui est mal enseigné à l'école)... Il n'y a pas de limites.

À l'adolescence, cette multiplication des activités devient course à la performance scolaire. Il n'est plus question d'activités de loisir mais seulement d'activités choisies pour garantir la réussite future. Au besoin, on fait appel en parallèle à quelques professionnels du monde médical ou paramédical : orthophoniste, psychologue...

Pour certains ados, c'est la surenchère : stages de langue, voire mini-prépas dès la seconde pour « préparer la prépa » post-bac. Dans certains quartiers, on vous propose de retourner à l'école avant la fin des vacances pour ne pas prendre trop de « retard » ou rester performant. Et cela continue dans la course aux diplômes...

Il en est de même pour l'implication affective des parents : l'enfant est très souvent « surinvesti ». Cela porte désormais un nom : l'hyperparentalité. La peur de l'avenir fait parfois perdre toute mesure aux parents. Imperceptiblement, leur soutien se transforme en pression. Pression sur les jeunes, bien sûr, mais parfois aussi sur les enseignants, en refusant l'exigence ou en réagissant à une note trop basse, et pression sur eux-mêmes jusqu'à éprouver de la culpabilité : « Puisque tu n'y arrives pas, je vais le faire à ta place. » Des professeurs d'université reçoivent des mails de parents qui leur demandent de revoir une note ou leur donnent des conseils : « Vous ne devriez pas leur en demander autant ! »

Entre les deux parents, et même chez la même personne selon les cas, les réactions peuvent être contradictoires. À tel moment, on en demande toujours plus au jeune, alors qu'à tel autre on proteste contre le niveau demandé parce que l'enfant n'y arrive pas… tout de suite. On conteste la méthode, le rythme et surtout l'exigence des enseignants.

Et cette tendance est générale : ici un éditeur suggère à un auteur de simplifier son texte (les mots, les concepts), là les conseillers d'un homme politique lui demandent de faire de même avec son discours « pour que tout le monde comprenne ». Par peur de l'échec, on nivelle par le bas. Ce qui est paradoxal, c'est que dans le même temps il y a un discours fort sur la nécessité de transmettre le sens de l'effort à la jeune génération. Pour sortir de cette dichotomie, il va falloir trouver des solutions pratiques basées sur la motivation, l'envie, la curiosité…, moteurs naturels des adolescents pour peu qu'ils soient dans un environnement favorable.

Cet excès d'activités stimulantes génère même chez les parents un désir de voir leur enfant être diagnostiqué « enfant précoce ». C'est ce que constate le neuropédagogue et psychopédagogue Alain Sotto[1]. Le petit nombre d'enfants par famille, un enfant unique dans une famille monoparentale, un enfant à soi dans une famille recomposée : autant

1. Varinia Oberto et Alain Sotto, *Dénouer l'échec scolaire*, Desclée de Brouwer, 2004.

de cas où l'attente des parents est extrême. L'enfant « programmé » doit révéler tout son potentiel. Cela peut dériver vers une sorte de phantasme de l'enfant idéal. Et si ce dernier ne correspond pas aux attentes des parents (comment le pourrait-il ?), il va trouver des stratégies de défense : le plus souvent en se résignant ou en se révoltant.

Autre paradoxe, la multiplication des activités et les exigences de performance transforment nos enfants. Pas étonnant qu'ils acquièrent une plus grande lucidité : ils ont accès à un savoir dont nous, parents, ne disposions pas. Les conversations à table sont de toute autre nature. La conscience qu'ils ont du monde grandit. On prononce de moins en moins la phrase : « Tu es trop petit pour comprendre. » Ils sont gavés de connaissances, de loisirs, de divertissements, mais ils manquent d'accompagnement, en particulier dans les domaines de la connaissance de soi, de la relation à l'autre, de la construction de leurs valeurs (leurs boussoles personnelles), de la découverte du sens de leur vie.

Cette hyperstimulation peut finalement constituer une véritable agression et les fragiliser. « Je t'ouvre toutes les portes, mais je ne te donne pas les règles du jeu du monde auquel je te donne accès. » Or l'enfant, le jeune, manque d'équilibre, il a besoin d'être éduqué à l'intériorité[1]. C'est ce décalage qui engendre la violence dont font preuve beaucoup de jeunes.

Marcel Rufo l'explique ainsi : « [...] Une caractéristique de l'adolescence qui, d'après mes observations en consultation, s'est aggravée : c'est la violence. Et paradoxalement, cette violence provient sans doute d'un excès de bien-être, de bonheur. Nous sommes dans une société privilégiée. Alors pour éprouver leur réalité, certains adolescents tentent de faire du mal, de se faire du mal[2]. » Nous sommes dans une société privilégiée où le risque et le danger physiques ont été éloignés. Alors

1. Thierry Janssen, « Comment éduquer nos enfants à l'intériorité ? », Radio Notre-Dame, 23 février 2015.
2. Dr Ada Picard, « Ados : que faire quand on est parent ? », art. cit.

certains adolescents ont besoin de tester leurs limites, de se confronter à la souffrance, de jouer avec leur vie.

Je me souviens d'une intervention dans un lycée technique où la plupart des jeunes n'avaient entendu qu'un discours simpliste : « Tu n'as pas réussi dans la filière générale, alors passe par là. Passe ton bac et tu réfléchiras plus tard. » L'estime de soi de ces jeunes était au plus bas, leur motivation aussi. Un étudiant sur trois à l'université n'est pas en bonne santé psychologique, mais cette situation ne se limite pas aux filières déclassées[1]. Quant aux étudiants des meilleures filières, certains développent le « syndrome de l'imposteur[2] », ce sentiment de ne pas être à sa place, qui fait des dégâts.

Et pourtant, il existe des solutions pour que chaque jeune trouve sa place.

Le numérique : de graves répercussions

Il a tout envahi et bouscule profondément notre rapport au temps, à l'espace, à l'argent. Il a changé nos relations amoureuses, nos façons de travailler, bien sûr, et même les relations familiales. Voilà qu'il y a des cyber-papis et -mamies qui ont des relations à distance avec leurs petits-enfants, parfois sans passer par les parents.

« Il », c'est le numérique. C'est l'ensemble des technologies de l'information et de la communication (les TIC). C'est ce que l'on surnomme, en faisant un raccourci, « les écrans ».

Or, plus les adolescents passent de temps sur les écrans, plus ils sont susceptibles de montrer des symptômes de dépression. De nombreuses études révèlent les répercussions que l'utilisation des écrans a sur nos jeunes et sur leurs comportements.

1. Étude de la mutuelle étudiante Smerep, « Santé des étudiants et lycéens », 2016.
2. Séverin Graveleau, « Ces jeunes brillants victimes du "syndrome de l'imposteur" », *Le Monde Campus*, 23 mars 2018.

Jean M. Twenge, docteur en psychologie, constate que les adolescents qui consacrent plus de temps que la moyenne à des activités *sur* écran sont plus susceptibles d'être mécontents de leur sort, et que ceux qui passent plus de temps que la moyenne à des activités *sans* écran sont plus susceptibles d'être heureux. Cette tendance peut aller plus loin : perte de l'empathie, addictions, voire dépression[1]...

Les nouvelles technologies nous promettent monts et merveilles. En comparaison, la vie quotidienne semble ennuyeuse, la vie de famille aussi... Au niveau psychologique, l'impact est le même que celui de la télévision sur les habitants des pays en voie de développement : ils découvrent un monde attrayant, attirant, séduisant, mais savent qu'ils ne pourront jamais y accéder. À la différence que, notamment dans les jeux vidéo, c'est plutôt un monde virtuel, fabriqué de toutes pièces, qui nous est donné à voir. Même avec tous les moyens du monde et avec beaucoup de chance, ce monde restera à jamais inaccessible parce que virtuel. Quand le jeune sort de cet univers, cela peut provoquer chez lui des frustrations importantes, qui génèrent parfois des réactions qui vont de la colère à la violence physique.

Plus loin encore, les jeux vidéo ont fait naître une nouvelle notion : la « gratification[2] ». Le point fort de ces technologies, c'est qu'elles stimulent dans notre cerveau le centre de la récompense, de la satisfaction immédiate. Dans le cours du jeu, qui demande parfois de longues heures d'investissement et de persévérance, chaque progrès est souligné : soit par des points supplémentaires, soit par un passage de niveau, et par bien d'autres stimuli comme un jingle joyeux ou un éclair brillant. Ces nouvelles technologies interagissent avec plusieurs de nos sens. Être capable de retarder la gratification signifierait être capable de faire face à une situation de stress. Or ces technologies, et en particulier les jeux, n'y encouragent pas. En conséquence, le diktat

1. Jean M. Twenge, préface de Serge Tisseron, *Génération Internet. Comment les écrans rendent nos enfants immatures et déprimés*, Mardaga, 2018.
2. Isabelle Filliozat, *On ne se comprend plus*, JC Lattès, 2017.

de la satisfaction immédiate s'impose progressivement. Ce diktat est d'autant plus efficace qu'il correspond parfaitement avec l'état émotionnel « à fleur de peau » typique de l'adolescence.

Par ailleurs, ces technologies nous plongent dans l'isolement, tout en nous vendant la possibilité d'être en contact avec le monde entier. Les relations créées à distance sont bien souvent des relations éphémères, des échanges sans profondeur ni durée dans le temps. Ces technologies nous coupent aussi de la réalité et nous donnent à voir un monde qui ressemble à notre profil. En effet, grâce à un savant jeu d'algorithmes et aux *cookies*, chacun reçoit des informations correspondant à ses centres d'intérêt ou à ses convictions. Au lieu de nous ouvrir sur le monde, ces filtres renforcent donc un certain communautarisme.

Ainsi, le nombre d'ados qui se rassemblent entre amis a chuté de 40 % entre les années 2000 et 2015. Les activités sociales à l'extérieur ont été remplacées par le mobile. Où sont passées ces grappes de jeunes qui « tenaient le mur », qui étaient avachis dans un canapé ou qui s'agitaient bruyamment avec leur scooter ? Ils importunaient parfois le voisinage, mais au moins ils étaient en relation les uns avec les autres.

Le mot *hikikomori,* inventé par le psychiatre japonais Tamaki Saito en 2000, signifie « syndrome de l'isolement social[1] ». Il désigne des adolescents ou des jeunes adultes n'ayant aucune relation sociale et une activité étudiante ou professionnelle réduite au minimum. Ils tendent à éviter tout contact avec l'extérieur et sont tétanisés par la peur de quitter leur environnement sécurisé. Ils passent leur temps à dormir ou à être enfermés dans des univers numériques. Souvent, ces jeunes dorment le jour et consacrent leurs nuits aux jeux vidéo. Ils prennent leurs repas à n'importe quelle heure, de manière anarchique. Certains se montrent agressifs, d'autres sont plongés dans la tristesse. Ils deviennent alors incapables d'agir ou d'être autonomes.

1. Marc Gozlan, « Ces jeunes enfermés chez eux », *Cerveau & Psycho*, n° 55, janvier-février 2013.

On ne connaît pas l'origine de ce syndrome. Certains émettent l'hypothèse d'une pression familiale trop forte ; d'autres d'une surprotection durant la petite enfance. Certains théoriciens estiment que la perte de contact avec la réalité est due à la technologie elle-même.

On a vu des jeunes demander à un chirurgien esthétique une intervention pour ressembler au profil (une photo retouchée d'eux-mêmes) qu'ils affichent sur les réseaux sociaux. Le phénomène n'est pas complètement nouveau. Jusqu'ici, il s'exprimait davantage par le désir de ressembler à la star du moment. Mais il a atteint un niveau alarmant.

On cite par exemple des jeunes filles qui demandent une chirurgie de la vulve parce que la leur ne ressemble pas au standard de beauté qu'elles ont découvert sur les réseaux sociaux.

Dans la confusion, courante dans notre société (de consommation, d'immédiateté…), entre désir et besoin, le numérique amplifie le phénomène. La confusion qu'il introduit entre le réel et l'imaginaire permet une satisfaction immédiate des désirs qui mime de mieux en mieux une satisfaction des besoins mais qui en est particulièrement éloignée. Tout cela a un impact négatif sur notre bon sens. Nous agissons de plus en plus dans l'instant et de façon émotionnelle, car nous manquons d'éducation au bonheur et à la joie.

Ces technologies phagocytent les temps familiaux de qualité, le temps de sommeil, le temps passé dans la nature, et elles nuisent à notre capacité de découvrir l'autre.

Les concepteurs de jeux ou d'applications l'ont bien compris, eux qui pratiquent un marketing de plus en plus émotionnel : ils utilisent des techniques de séduction issues des dernières connaissances en matière d'intelligence émotionnelle. Ainsi, presque la moitié des utilisateurs de sites de rencontre continuent de consulter ces sites après avoir trouvé un partenaire qui leur convenait. « Car on ne sait jamais, je pourrais peut-être encore trouver mieux ! »

Notre téléphone multifonction est devenu un bouclier qui ne laisse plus beaucoup de place au silence, à l'ennui, à une rencontre imprévue… dans un TGV ou ailleurs; car tous, nous sommes enfermés derrière ces écrans. Ils nourrissent nos peurs et particulièrement celle de manquer. Ils permettent de fuir nos incompétences ou nos difficultés.

Lors d'une de mes interventions, un père m'interpelle sur sa difficulté à gérer les écrans avec ses ados, et il me fait remarquer que c'est facile pour moi ! Non, pas plus que pour lui ! Je me souviens d'avoir joué la mauvaise mère, la mauvaise copine un jour où j'étais sur le dos de mon fils et de ses copains pour les envoyer se baigner dans un magnifique étang au lieu de rester devant leurs jeux vidéo. Une de mes amies, présente ce jour-là, ne réagissait pas non plus. Je voyais bien que ni les jeunes ni mon amie ne comprenaient… et je sentais dans leur regard qu'ils « ne m'aimaient pas » ! En tout cas, j'avais le mauvais rôle. Je suis encore plus convaincue aujourd'hui que j'avais raison d'insister. Être parent d'ado, c'est parfois inconfortable. La psychologie positive, ça n'est pas le confort et le plaisir permanents. Accepter l'autre, ça n'est pas accepter tous ses comportements sans rien dire.

OUTIL

Moins d'écrans

Voici quelques pistes pour lutter progressivement contre l'envahissement des écrans dans nos vies :

– Pendant une semaine, prenez conscience de votre propre dépendance aux écrans en notant les heures que vous passez devant, en particulier en présence de votre ado. (Vous savez à quel point la solution passe par l'exemple.)
– Faites en sorte d'avoir des espaces ou des temps sans écran, par exemple pas d'écran dans les chambres, pas de téléphone ni de télévision à table : rares sont les SMS ou les appels qui ne peuvent pas attendre la fin du repas.

– Quand vous êtes en conversation avec votre ado, ne répondez pas au téléphone.
– Dégagez des temps sans écran pour favoriser des moments de qualité : randonnée, bricolage, joie de « faire ensemble »…

La famille de Yancha et Pierre part faire du vélo et du camping une semaine par an depuis plusieurs années et les parents veillent à n'y utiliser leur téléphone qu'au strict minimum.

– N'achetez pas le dernier modèle : c'est aussi une façon de ne pas dépendre d'un objet dont l'image dit quelque chose de vous-même.
– Supprimez les écrans dans les chambres : avant d'aller dormir, déposez téléphones et tablettes dans une corbeille, dans l'entrée – ce qui suppose d'avoir un autre appareil pour sonner le réveil !
– Enfin, ne vous croyez pas obligé d'offrir un smartphone à votre ado pour son entrée en sixième, même si cela se fait beaucoup.

Vous allez me dire que c'est pour vous rassurer, qu'aujourd'hui, avec tout ce que l'on voit et entend dans les médias, on ne sait jamais… ça peut servir ! Mais comment faisaient nos parents il y a vingt ans ? Croyez-vous vraiment qu'un enfant de 11 ans risque sa vie tous les jours entre son collège et son domicile ? Croyez-vous vraiment que la présence de ce téléphone serait suffisante pour le protéger en cas de vrai danger ? Est-ce qu'il ne serait pas plus intelligent et plus efficace de lui enseigner comment demander de l'aide à un adulte ? Ne serait-ce pas plutôt vous qui avez besoin de savoir à tout moment où il/elle se trouve ? Et dans ce cas, est-ce vraiment pertinent ? Et si, malgré tout, vous souhaitez sauter le pas, soyez bien conscients de tout ce à quoi le téléphone choisi donne accès. Savez-vous que même Facebook n'autorise pas d'inscription avant l'âge de 13 ans ? Est-ce qu'un simple appareil avec les fonctions téléphone et SMS, sans Internet, ne pourrait pas suffire ?

REPÈRES

Pour donner au téléphone sa juste place

Posez-vous ces quelques questions :

– Quand votre ado perd ou abîme son téléphone, est-il indispensable de le remplacer tout de suite ? Est-ce que quelques jours à vivre sans ne seraient pas l'occasion de développer d'autres compétences ?
– Ses responsabilités justifient-elles que tout le monde puisse le joindre dans la minute ? Il y a fort à parier que non !
– Vous pouvez aussi l'inviter à le faire réparer en boutique ou chercher avec lui sur Internet un prestataire. Et dissocier cette démarche de la question financière pour savoir qui, de vous ou de lui, paiera la réparation ou le rachat (cela en fonction de son âge et de vos valeurs en matière d'argent).
  – *Éléonore, 18 ans, est partie faire ses études au Canada. Sans téléphone. Elle se l'est fait voler peu de temps avant son départ. Son père est catégorique : lui-même, quelques années plus tôt, est parti à l'étranger sans téléphone ; il considère donc qu'elle peut s'en passer. Pendant quelques jours, elle n'en aura pas et voyagera « à l'ancienne ». Elle s'occupera d'en obtenir un autre à son arrivée. À sa grande surprise, cette jeune adulte a très bien vécu cette expérience qu'elle croyait presque impossible. Son regard a changé sur ce couteau suisse de la vie moderne.*
  – *Claire et Esteban se sont fait voler tout leur matériel informatique lors de leur départ en vacances. Ils craignaient beaucoup la réaction de leurs deux ados et en particulier celle du petit dernier (11 ans), très accro aux écrans. Finalement, non seulement les vacances se sont bien passées mais, en redécouvrant que leur fils était capable de s'intéresser à de nombreuses autres choses, ils ont choisi de prolonger volontairement la situation. Et ils ont prétexté des difficultés avec les assureurs pour ne pas renouveler la totalité de leur matériel !*

Une peur de l'avenir grandissante

« Le manque de confiance dans l'avenir est lié à notre manque de confiance en nous-mêmes » Thomas d'Ansembourg[1]

Nous sommes dans un monde en plein bouleversement. Dans les années 2050-2060, la vie des adultes (nos ados d'aujourd'hui) ne ressemblera en rien à notre vie d'aujourd'hui : biotechnologies, réchauffement climatique, révolution de la formation et du monde du travail… ne sont que quelques-uns des changements qui s'annoncent.

Au Japon, on expérimente des robots professeurs. Les Mooc (*massive on line open course* – autrement dit les cours en ligne ouverts à tous) se développent. Aux États-Unis, le pilotage automatique des camions est en test grandeur nature. Plus près de chez nous, des essais de navettes sans chauffeur sont menés à Versailles ou à Nantes. Et entre le moment où j'écris ces lignes et le moment où vous les lirez, d'autres innovations auront apparu !

Les jeunes actuellement en formation de comptabilité ne pourront sans doute pas exercer ce métier toute leur vie : un grand nombre d'entre eux sera obligé de se réorienter. On recense 300 000 comptables de moins qu'en 2004. Il en est de même pour les assistants juridiques. Les employés de banque, dont les effectifs ont fondu de 40 % entre 1986 et 2016, pourraient disparaître totalement à l'horizon 2050 !

Le World Economic Forum a publié en octobre 2018 des prévisions de bouleversement des métiers du fait de l'automatisation… à l'horizon 2022[2]. C'est-à-dire après-demain. D'après cette étude, la moitié des salariés du monde aurait besoin de formation (pouvant durer jusqu'à un an), pour s'adapter aux changements qui s'annoncent. Et même

1. Thomas d'Ansembourg, *Du je au nous*, Les Éditions de l'Homme, 2014.
2. World Economic Forum, « The future of jobs 2018 », septembre 2018. Le WEF ou Forum économique mondial, plus connu sous le nom de Forum de Davos, est une fondation à but non lucratif dont le siège est à Genève.

si ces prévisions semblent exagérées, le simple fait qu'une étude se donne un horizon de quatre ans est significatif de l'accélération des bouleversements en cours.

Dans ce contexte socio-économique, l'enfance et l'adolescence de nos jeunes sont impactées. Pour le sociologue Michel Fize : « L'enfance laisse place à l'adolescence vers 8 ans. Les enfants commencent déjà à capter le langage, la façon de s'habiller, les goûts des ados. Ils restent enfants moins longtemps car ils ont le désir de ne pas le rester, l'adolescence représentant plus de liberté[1]. »

Conséquence : les enfants sont « en voie de disparition », entraînés dans la course à la performance. Et nos ados sont déjà bien conscients des difficultés de la vie des adultes. Ils reçoivent beaucoup d'informations et ne savent pas forcément qu'en faire ; n'ayant pas les moyens de passer à l'action, ils se sentent démunis. Ce qui peut être très anxiogène.

Face à ces bouleversements, beaucoup d'adultes sont dans le déni ou développent des comportements de peur :

– Le déni nous fait négliger les évolutions à venir. Nous élevons très souvent nos enfants selon les critères d'un temps révolu. Qui les préparera alors au futur qu'ils ont à vivre et même à créer ? Le philosophe et historien des sciences Michel Serres nous rappelle que l'évolution des technologies nous force à être intelligents[2].

– Quant à la peur, elle génère un discours alarmiste ou nous fait mettre inutilement la pression sur nos ados.

C'est particulièrement le cas dans la course aux diplômes. « L'emprise de l'école est devenue encore bien plus forte qu'elle ne l'était dans ce Mai 68, et l'obtention de bouts de papier appelés diplômes annihile toute velléité tant on leur a répété que c'était le but de l'école et la clé

---

1. Marlène Thomas, « Trop précoces, des enfants grandeur mature », *Libération*, 1er mai 2018.
2. Extrait d'un entretien de Michel Serres donné pour *L'Atlas du monde de demain*, hors-série *Le Monde*, 2013.

de leur vie future… dans la croissance magique[1] », reconnaît Bernard Collot, ancien enseignant, pourtant soixante-huitard assumé. Le chercheur en sciences de l'éducation Thierry Ly invite à rompre avec l'idée que « tout se joue à l'école » et montre qu'avec l'accès à la formation tout au long de la vie certains ados peuvent choisir des études courtes, si elles leur conviennent mieux, et reprendre un cycle d'études après quelques années d'expériences professionnelles[2].

OUTIL

Les compétences à développer

Quelles sont les compétences que les ados doivent acquérir aujourd'hui pour se préparer à demain ? Tentons d'en dérouler une liste, forcément incomplète :

- les compétences fondamentales « historiques » : lire, écrire, compter, des repères solides en sciences, en histoire, en géographie… ;
- la maîtrise de plusieurs langues ;
- une première pratique de codage informatique ;
- apprendre à apprendre ;
- l'écoute, le partage, l'empathie, l'intelligence interpersonnelle ;
- une bonne connaissance de soi et des différents profils psychologiques ;
- une capacité à déceler les difficultés et les problèmes humains, techniques, etc.
- une grande capacité à vivre dans l'incertitude ;
- une capacité à prendre des risques ;
- une capacité à gérer ses projets en vue de réaliser ses objectifs ;
- de bonnes pratiques en termes de gestion du temps et des priorités ;
- la créativité ;
- l'adaptabilité ;

1. Blog de Bernad Collet : education3.canalblog.com.
2. Thierry Ly, « Formation continue : comment rompre avec l'idée que "tout se joue à l'école" », *Le Monde*, 31 mars 2019.

- l'intelligence émotionnelle;
- la coopération et la collaboration;
- savoir dire non;
- la pensée critique;
- prendre soin de sa santé psychologique et physique.

Pierre Rabhi, le paysan philosophe, ajoute à cette liste une autre compétence : « savoir faire son jardin[1] », qu'il considère comme un acte politique : c'est affirmer son autonomie. J'aime beaucoup cette idée et je dirais qu'en plus de cultiver ses légumes on cultive le bon sens.

Il est important de porter un regard positif sur la vie tout en donnant à nos jeunes les outils pour faire face aux défis de demain. Ce n'est ni de les surprotéger ni de les élever avec des méthodes dépassées ou qui nuisent à leur santé psychologique et au développement de leurs aptitudes qui les préparera au futur qu'ils vont vivre.

> *Dans son livre* Petite[2]*, qu'elle présente comme un roman d'apprentissage, la bloggeuse et baroudeuse Sarah Gysler explique comment elle a dépassé sa colère. Elle nous parle de son adolescence difficile et nous dit comment, au cours de son voyage, elle a développé sa faculté de résilience. À ses yeux, si le monde ne va pas si mal que ça, c'est que les gens qu'elle a rencontrés au cours de son périple sont bienveillants.*

1. Pierre Rabhi, cité dans « Faire son jardin potager agroécologique », www.colibris-lemouvement.org.
2. Sarah Gysler, *Petite*, Équateurs, 2018. Sarah Gysler voyage en solitaire et sans argent (voir son blog Laventurierefauchee.com).

OUTIL

Cultiver l'optimisme

Voici quelques propositions concrètes pour pratiquer l'optimisme, la bienveillance, et pour poser un regard positif sur le monde, car les jeunes sont plus réceptifs à notre comportement qu'à nos discours :

- ne plus écouter le journal de 20 heures ;
- s'inscrire à la Ligue des optimistes[1] (ou autres mouvements équivalents) ;
- lire Positivr.fr[2] ;
- suivre des pages Facebook positives (ou autres réseaux sociaux) ;
- être attentif à tout ce qui est positif, même si ça paraît insignifiant ;
- taire son autojugement ;
- faire attention à l'ambiance à la maison, contribuer à l'alléger ;
- passer à l'action, s'inspirer de la « légende du colibri[3] » ;
- bouger ;
- savoir éteindre ses écrans, faire le plein de nature, admirer ce qui est beau ;
- trier ses placards… et retrouver le plaisir d'avoir moins de fouillis ;
- savoir faire silence.

- J'ajoute ici mon idée n° 1 : ....
- J'ajoute ici mon idée n° 2 : ....
- Je note ici ce que je fais déjà et que je souhaite amplifier : ....
  ....

Autres propositions :

- Participer à une journée d'action avec la Banque alimentaire ou au nettoyage de la forêt ou de la plage la plus proche, qu'elle soit organisée par votre municipalité ou une grande enseigne nationale.
- Faire le tri de ses vêtements et donner ceux qu'on n'utilise pas à des organismes qui les redistribuent ou les recyclent.

1. www.liguedesoptimistes.fr
2. Webmagazine : www.positivr.fr, « Votre dose quotidienne d'inspiration Positive ».
3. Légende amérindienne dont la morale s'apparente à notre « les petites gouttes d'eau font les grandes rivières ».

– Parler de personnes qui œuvrent concrètement à travers leur engagement artistique, social, sportif, dans leur travail, et qui réalisent de petits et de grands exploits.
– Montrer qu'il est possible d'agir chacun à son niveau et que changer le monde (qui reste une motivation naturelle chez un grand nombre de jeunes) commence par des gestes et des engagements personnels.

Après la lecture de cette liste, que vous pouvez compléter, choisissez une première action que vous allez mettre en œuvre dans les prochains jours :

....

L'esprit général consiste à concrétiser des projets, à expliquer leur impact et l'importance de les mener à bien. Il s'agit bien entendu de parler du bénéfice que cela apporte à soi et à la collectivité. La plupart des propositions ci-dessus sont accessibles aux jeunes. Ils peuvent en devenir les acteurs. Et si vous y participez avec votre enfant, vous avez toutes les chances d'éviter qu'il vous rétorque : « J'ai pas envie ! »

Avant le départ de sa fille Garance qui partait faire des études à l'étranger, Sophie voulait passer quelques jours avec elle. Faire du camping ou louer un logement via une plateforme communautaire dans une ville européenne pour visiter et faire du shopping n'est pas leur truc (ils sont plutôt actifs dans la famille). Sa fille n'avait pas non plus envie d'être vingt-quatre heures sur vingt-quatre avec elle. Elles sont donc parties une semaine faire un camp d'été où des enfants et de jeunes handicapés sont accueillis avec leur famille. L'idée était de se mettre au service de l'autre. Garance s'est retrouvée à encadrer des ados de deux à trois ans plus jeunes qu'elle. Ce fut également une belle expérience pour Sophie : elle a vécu des moments importants avec sa fille, qu'elle a beaucoup observée. Elle s'est fait de nouvelles relations, a appris sur elle et sur les autres. Elle a découvert les personnes handicapées (de petits enfants mais aussi des étudiants, des adultes) et a changé son regard sur eux. L'essentiel de cette expérience a été le partage et l'intégration de chacun avec ses compétences et ses faiblesses. Les choses se sont mises en place très naturellement, dans la bienveillance.

Je ne sais pas si elles la renouvelleront, mais pour toutes les deux cette experience a été riche d'émotions, de souvenirs, de rencontres, de diversité. Rien ne vaut de se confronter au réel.

MERCI

Quinze ans et demi, tu débarques tout seul à Paris

Et ils t'ont laissé faire malgré c'qu'on leur a dit
C'était là ta seule chance
Et ils t'ont fait confiance
Tu n'les as pas trahis, et aujourd'hui
Mille fois merci

Chanson de Florent Pagny[1] qui remercie ses parents de lui avoir fait confiance.

1. « Merci », paroles de Jean-Yves D'Angelo, Florent Pagny et Kamil Rustam, album *Merci*, Polygram, 1990.

La puberté

« Le développement neurobiologique des enfants s'est accéléré », nous dit le neuropsychiatre Boris Cyrulnik. Il y a souvent un décalage de maturité entre les émotions, l'intellect et le corps. Tous les cas de figure se rencontrent en fonction de ces niveaux de maturité. Le développement neurologique, psychologique, intellectuel, sexuel et affectif des enfants se fait de nos jours beaucoup plus rapidement, mais cette accélération varie d'un domaine à un autre, ce qui génère encore plus de décalages.

Non seulement l'adolescent peut souffrir d'un décalage de maturité entre les différentes dimensions de sa personne, mais il est souvent seul face à la grande transformation de son corps, peu ou mal informé, peu ou mal accompagné – ayant parfois à pâtir de la maladresse de ses parents ou d'autres adultes –, sans modèle, sans référence. À cela s'ajoute la pression de la société qui ne valorise qu'un seul type de morphologie vue comme « idéale ».

Pourtant, au-delà du développement de la pilosité, de la transformation de la voix et du corps, le plus important est : comment parler avec mon enfant de cette expérience qui lui est personnelle ?

L'époque où les questions autour du corps et de la sexualité étaient taboues est désormais loin derrière nous. Pourtant elles ne sont pas toujours abordées en famille : il manque une véritable éducation et une transmission claire, explicite, adaptée à chaque âge. Le premier cadeau qu'un parent peut offrir à son adolescent, c'est de raconter, avec ses mots à lui, la façon dont il a vécu sa propre puberté, y compris en abordant les gênes, les difficultés rencontrées. Il n'est pas question de tout déballer un soir en tête à tête mais plutôt de distiller tranquillement, à de multiples et simples occasions, des petites tranches d'expérience.

Il n'est pas non plus question de se comparer. Chaque adolescent vit sa puberté à son rythme. Le père ou la mère peut avoir envie que son enfant dépasse les difficultés liées à ces transformations plus rapidement qu'il ou elle ne l'a fait lui-même ou elle-même. Ça n'est pas le plus important. Ce qui est en jeu, c'est d'abord de vivre sereinement cette transformation au quotidien, sans trop d'angoisses.

Myriam, mère d'une jeune adulte âgée de 21 ans, me racontait les difficultés qu'elle avait eues avec sa fille, plus petite et plus ronde qu'elle. Elle n'osait même plus se mettre en maillot de bain devant sa fille. Il a fallu du temps à Emma pour apprendre à aimer son corps, coincée entre l'image de la femme idéale que lui renvoyaient la société et sa mère, si proche de cette image idéale.

Espérons que les choses soient plus faciles maintenant que les réseaux sociaux prônent parfois tous les types de beauté[1]. Il y a quelques années, en regardant des vieux films hollywoodiens, je m'étais aperçue que les femmes étaient choisies très souvent plus petites que leurs partenaires masculins. C'est moins le cas aujourd'hui ! Tout peut évoluer…

Il est normal d'avoir des complexes, c'est inhérent à notre nature humaine. Si l'on considère que rien n'est parfait, que l'imperfection fait partie de la vie, voyons nos défauts comme une chance, comme un chemin pour apprendre à s'accepter tel que l'on est. C'est l'un des processus de maturation les plus importants pour devenir adulte.

L'adolescence n'en serait-elle pas une étape ? J'apprends à vivre avec ce que je suis sans chercher à me plier coûte que coûte aux attentes des autres. L'acceptation de soi participe à fonder progressivement la confiance en soi. C'est un nouveau regard sur lui-même que le jeune va commencer à porter.

1. Grâce notamment à des marques de dermo-cosmétiques comme Dove – ou Nivea avec son lait pour le corps Q10.

Mais il n'est pas seul dans ce processus. Cela nous demande aussi à nous, parents, un travail sur nous : nous avons peut-être une image de l'enfant idéal. Et cet individu qui est en train de devenir un adulte sous nos yeux, dont certaines caractéristiques physiques vont se figer (la taille, les proportions...), ne correspond sans doute pas à cet idéal. La réalité vient nous bousculer : nous ne pouvons plus espérer une « amélioration » ! Tout ce que nous pourrons faire pour lâcher prise aidera notre enfant à porter un regard bienveillant sur lui-même. Attention au vocabulaire que nous employons quand nous leur parlons de leur corps... et de leur façon de se comporter : vêtements, maquillage, hygiène...

Quand notre fils ou notre fille se cherche un look, nous pouvons exprimer notre avis, mais sans juger. La coupe de cheveux, le jean troué, le style gothique ou négligé, et bien d'autres choses encore, ne sont pas tant la manifestation d'une opposition à votre encontre que le besoin de faire une expérience personnelle. Y compris l'expérience de votre réaction. Il vaut mieux lui dire d'un ton neutre « Je n'aime pas ta tenue aujourd'hui » que de lui lancer, de façon presque agressive « Mais comment t'es fagotée aujourd'hui ? », sans parler d'une remarque insultante telle que : « Mais tu ressembles à une pute comme ça ! »

De fait, ces écarts de langage et de jugement portent plus généralement sur les filles. Or les filles sont souvent plus sensibles à ces questions. Soyons avec elles encore plus attentifs à notre façon de nous exprimer. Et quand votre fils ou votre fille fait un effort qui va dans votre sens, relevez-le. Dites-le-lui, manifestez votre satisfaction. Un simple merci peut suffire, ou une remarque factuelle, comme « Cette couleur te va bien » ou « Je trouve que ta tenue est bien coordonnée ».

Bien sûr qu'il est difficile d'apprendre à aimer ce corps qui se transforme dans une société de l'image qui valorise la beauté ! Commençons par donner l'exemple en parlant de notre corps à nous de façon positive : disons ce que nous aimons bien dans notre corps. C'est le moment de transmettre, d'expliquer à notre ado comment faire de ce corps un allié et un partenaire. Car la place du corps est importante tout au long de la vie. En parler de temps à autre de façon positive est donc une excellente façon de ne pas tomber dans le tabou.

Autre point important pour accompagner efficacement notre enfant : soyons attentifs à notre discours en ne critiquant pas le physique des autres. Ainsi, lorsque nous entendons des remarques désobligeantes sur le physique de quelqu'un, y compris de la part d'un plus petit (frère ou sœur), intervenons systématiquement pour les faire cesser.

Notons que les mentalités évoluent peu à peu. Par exemple, des stars féminines de la télévision ont récemment affiché leur pilosité sur les réseaux sociaux.

> *Perrine, en classe de première, très complexée par son système pileux plutôt abondant, a été inspirée par cette campagne. Elle s'est lancé un défi : elle a décidé de se rendre au cours de natation sans se raser les jambes. « Le jour où j'ai fait le pas, non seulement je n'ai pas été jugée mais plusieurs camarades ont souligné mon courage. D'autres filles m'ont dit qu'elles aimeraient le faire mais qu'elles n'osaient pas. [...] J'ai même remarqué que c'était un repoussoir à cons : les gens qui n'ont pas les mêmes valeurs que moi et le même rapport au corps ne m'abordent pas. Je ne perds pas de temps avec eux. [...] Je connais aussi des garçons qui ont demandé à leur copine de ne plus s'épiler. »*
>
> *Et Perrine prolonge aujourd'hui sa réflexion : « Se maquiller, c'est mettre un masque pour ne pas avoir à apprendre à aimer ses imperfections. À vivre en adéquation avec mes valeurs féministes, j'ai beaucoup appris sur moi et les autres. »*

C'est le regard des autres qui est le plus difficile à accepter ; on sait qu'il est formaté par notre société. Le collège est une période où les changements physiques sont les plus importants, où les différences de morphologie sont flagrantes dans une même classe, et où s'expriment le plus les comparaisons et les critiques. Parents, éducateurs, exercez une vigilance permanente pendant ces années-là.

Sur ce sujet encore plus que sur tout autre, le principe de réciprocité fonctionne à merveille : « Si tu n'as pas envie d'être jugé sur ton physique, ne juge pas celui des autres. »

« Les gens ont quelque chose en commun :
ils sont tous différents. » Robert Zend

2

CHANGER NOTRE REGARD

Premières questions

Je vous propose de prendre le temps de réfléchir et de répondre à chacune des questions suivantes, de préférence par écrit, pour vous inviter au quotidien :

- Comment aider mon ado à avoir confiance en lui ?
- Comment entrer dans son univers pour mieux le comprendre ?
- Comment développer un sentiment d'appartenance ?
- Comment réajuster mon autorité ?
- Comment répondre à mes besoins *et* à ses besoins ?
- À quoi dire non et à quoi dire oui ?
- Comment aider mon ado à prendre soin de lui, que ce soit physiquement et psychologiquement ?
- Comment accueillir ses idées qui sont différentes des miennes ?
- Comment lui permettre de découvrir ses talents et ses qualités ?
- Comment le rendre autonome et responsable ?
- Comment l'accompagner dans une scolarité joyeuse et épanouissante ?
- Comment l'accompagner dans ses émotions tumultueuses ?
- Comment mettre en place une communication positive ?
- Comment me défaire de mon besoin permanent de tout contrôler, ce qui est blessant pour mon ado ?
- Comment me faire confiance et lui faire confiance ?
- Comment partager le plaisir d'être avec lui ?
- Comment adopter une attitude ferme et bienveillante à la fois ?
- Comment canaliser mes peurs pour son avenir ?
- Comment le responsabiliser dans la vie quotidienne ?

Prenez le temps d'identifier les difficultés que ces questions révèlent, et dans quel contexte. Pour cela, tracez deux colonnes dans un cahier et, pendant deux semaines, notez tous les jours les points positifs à gauche et les points négatifs à droite.

- Que pourriez-vous faire différemment une prochaine fois ?

- Y a-t-il des situations où vous pourriez déléguer votre rôle à votre conjoint, au parrain ou à la marraine, à un oncle ou une tante, à l'un des grands-parents… ?
- Y a-t-il des sujets de conflit récurrents (écrans, devoirs, fratrie…) et à quels moments se produisent-ils ?
- Vous paraît-il souhaitable de demander le soutien d'un professionnel ?
- Ques seriez-vous prêt à faire pour améliorer la situation ?

Je vous encourage aussi à expliquer à votre ado que votre vision des choses a évolué et que vous allez changer certaines de vos façons de faire dans votre vie quotidienne. Précisez-lui que vous n'êtes plus satisfait de la façon dont vous réagissiez jusqu'à maintenant, que vous souhaitez construire une autre relation, que vous aspirez à une belle ambiance familiale, et qu'il est normal de modifier son comportement si on veut d'autres résultats. N'hésitez pas à lui dire ce qui est important pour vous : ce que vous avez envie de changer, dans quel objectif. Votre ado hausse les épaules en vous répondant que cela ne sert à rien ? Ou, au contraire, il ne dit rien, vous attend au tournant ou ne réagit pas comme vous le souhaitez dans les premières semaines ? C'est normal. Persévérez. Persévérez dans vos tentatives, dans votre recherche, dans vos efforts. Soyez à l'affût des premiers changements positifs, à commencer par ceux qui s'opèrent en vous – à défaut de recevoir des félicitations.

Votre ado vous écoute, vous observe, plus que vous ne le croyez. D'ailleurs, il est champion pour déceler vos incohérences… C'est pour cela qu'il est si important de ne pas baisser les bras. Un des outils les plus puissants est la cohérence avec vous-même entre « ce que je pense », « ce que je dis » et « ce que je fais ».

Le « trou dans le mur »

Écoutez cette histoire vraie, une expérimentation qui a été reproduite à plusieurs endroits dans le monde sous le regard de chercheurs en sciences de l'éducation. Elle a le mérite de nous faire prendre beaucoup de distance avec les peurs que la société véhicule autour de nous :

> *Dans une banlieue déshéritée d'une grande ville d'Inde, des chercheurs installent un ordinateur intégré dans un mur avec un accès au clavier et à la souris (ou plutôt un* trackpad, *plus résistant). L'ordinateur est allumé et connecté à Internet. Sans autre forme d'explication. D'où le nom donné à cette expérience : le « trou dans le mur ». Très rapidement, des enfants de tous âges s'approchent de cet objet qu'ils ne connaissent pas (on est au début des années 2000). Un premier enfant, seul, commence à manipuler la souris et découvre rapidement l'interaction avec l'écran. Un deuxième arrive. Le premier explique au deuxième ce qu'il a compris et le deuxième découvre autre chose. Le phénomène se reproduit à toute vitesse, tant et si bien qu'au bout de quelques heures plusieurs enfants ont déjà compris l'essentiel des manipulations de la machine, y compris l'exploration d'Internet. Se créent ainsi un premier cercle agissant, un deuxième cercle conseillant et un troisième cercle observant… sachant que les enfants peuvent passer d'un cercle à l'autre. Petit détail, mais qui a son importance : aucun des enfants ne parle anglais, or la totalité du Net accessible à cette époque, dans ce pays, est en anglais. Au bout de plusieurs jours, les chercheurs s'aperçoivent que les enfants ont acquis suffisamment de termes anglais pour naviguer très précisément sur le Net.*

Cette histoire nous enseigne plusieurs choses sur la façon dont les enfants apprennent :

- Tous les enfants aiment apprendre ;

- Chacun a des capacités différentes, mais les interactions sont formidablement positives. Les enfants aiment aussi transmettre ce qu'ils viennent d'apprendre ;
- Même sans l'intervention d'adultes, les enfants sont capables d'apprendre de nombreuses choses, y compris d'acquérir le début d'un savoir « académique ».

Personne n'en conclut pour autant que les jeunes de notre histoire « ont des chances » de découvrir seuls Shakespeare ou d'entrer à Harvard (pour rester dans le contexte anglophone de l'expérience). Mais dans les deux cas, les freins principaux relèvent probablement plus de la concurrence extrême qui règne à chacune des étapes et de tout ce qui va avec : identification et marqueurs sociaux, estime de soi, etc. Fondamentalement, le contexte social risque d'être un frein définitif.

En revanche, les capacités et l'envie d'apprendre sont bien là. Je retiens surtout de cette expérience que le premier rôle des parents – mais pas le seul – est sans doute de créer les conditions favorables à la motivation.

Cette expérience trouve d'ailleurs un écho dans le travail de l'Américain Howard Gardner. En 1982, ce chercheur en psychologie a théorisé huit formes d'intelligence :

- l'intelligence logico-mathématique ;
- l'intelligence verbo-linguistique ;
- l'intelligence naturaliste ;
- l'intelligence kinesthésique ;
- l'intelligence interpersonnelle ;
- l'intelligence intrapersonnelle ;
- l'intelligence spatiale ;
- l'intelligence musicale.

Notons que Gardner a défini une neuvième forme d'intelligence qu'il classait lui-même à part : l'intelligence existentielle ou spirituelle. Elle n'est pas à sous-estimer car elle peut être non seulement porteuse de sens, ce qui est loin d'être négligeable, mais d'un sens et d'une motivation particulièrement ancrés, profonds et solides[1].

REPÈRES

Les clés de l'accompagnement scolaire

Chaque personne, et donc chaque enfant, possède au moins une forme d'intelligence dominante, un talent. À travers l'expérimentation en Inde et le travail de Gardner, vous avez l'essentiel des clés de l'accompagnement scolaire :

- Recherchez, avec votre adolescent, les domaines où il a des facilités, des envies, un talent particulier. Encouragez-le à y développer ses compétences, autant pour le plaisir que cela va lui procurer dans l'apprentissage lui-même que pour la confiance en lui qu'il va y gagner. Autrement dit, il faut faire découvrir à votre enfant des activités qui correspondent à sa ou à ses formes d'intelligence de prédilection, et le pousser vers ces activités.
- Identifiez aussi ses points faibles, accompagnez votre ado, soutenez-le, encouragez-le à atteindre un « niveau minimum »... mais ne vous focalisez jamais dessus. N'en faites pas « une affaire ». Remplissez ses journées avec ce qui le fait grandir, pas avec ce qui le tire vers le bas.

La presse ou les médias en ligne relatent régulièrement les exploits de tel ou tel adolescent dans différents domaines : la création d'un robot, récompensée par un prix Google, la découverte d'une nouvelle planète... et bien sûr leurs prestations dans des concours de musique

1. Je ne développerai pas ici, mais je vous invite à creuser ce sujet par vous-même si vous y êtes sensible. Voir aussi le chapitre « Les intelligences multiples » de mon livre *Heureux à l'école : tout commence à la maison. Le guide pratique des parents bienveillants*, Albin Michel, 2016, p. 80 et suivantes.

ou de danse d'émissions télévisées. La période de 10 à 16 ans est capitale pour découvrir et développer ses talents. Ne passez pas à côté !

Vous me rétorquerez peut-être : « Et si les points faibles de mon enfant portent sur les fondamentaux : lire, écrire, compter (pour faire court), que faire ? » Je ne suis pas naïve. La vie d'adulte en général et la vie professionnelle en particulier sont dures. Or, aujourd'hui, absolument tous les métiers, toutes les étapes sont difficiles. Qui ne connaît pas un brillant ingénieur qui s'est écroulé à un moment ou un autre de sa carrière ? Ou même, sans en arriver là, qui ne change pas de voie pour « faire enfin ce qu'il aime » ? Qui ne connaît pas un jeune sans diplôme qui a fini par percer dans un domaine où personne ne l'attendait, y compris dans un métier réputé peu gratifiant ou peu rémunérateur ? Les incertitudes sont trop grandes aujourd'hui pour ne pas privilégier une première force personnelle pour bâtir son avenir. En s'appuyant sur cette force et en créant autant que possible un environnement favorable à la motivation, nous aurons fait déjà une grande part de notre rôle de parent.

En vous souvenant de l'expérience du « trou dans le mur » et du fait que tous les enfants aiment apprendre, vous saurez donner à votre enfant la force de surmonter ses difficultés. Il s'agit de lâcher la pression et d'envisager d'autres approches, d'autres façons de faire et d'apprendre. L'adolescence est le bon moment pour favoriser ce développement, surtout si vous laissez à votre ado une liberté de mouvement nouvelle qui sera source de motivation. Le pire que nous puissions infliger à notre ado, c'est de lui couper les ailes en ne reconnaissant ni ses talents ni sa force – même s'ils sont fragiles – et en l'empêchant de trouver sa voie. Nous rêvons parfois que nos jeunes s'engagent, qu'ils soient acteurs, de ceux qui veulent « changer les choses » ; donnons-leur l'environnement qui ne les laissera pas définitivement déçus, désenchantés ou désintéressés du monde des adultes.

Double crise : « Les enfants sont mon miroir »

La crise de l'adolescence ne coïnciderait-elle pas aussi avec une crise des adultes, des parents ? Crise du milieu de vie, crise du couple, crise liée au chômage, etc. En tout cas, les passages difficiles traversés par les uns et les autres se télescopent parfois. Dans un premier temps, peu importe qu'il y ait ou non une relation de cause à effet ; c'est d'abord à l'adulte de prendre les choses en charge. Laisser l'ado résoudre lui-même la situation, c'est lui faire porter un fardeau qu'il a bien peu de chances d'assumer seul.

S'ajoute aussi le pessimisme ambiant dû à la crise économique. Crises de 1973, puis de 1992... Crise de 2007 qui perdure jusqu'à aujourd'hui (mouvement des Gilets jaunes...), il semble que nous soyons en crise depuis toujours. Soixante-douze pour cent des Français (51 % des Européens) pensent que leurs enfants vivront moins bien qu'eux-mêmes[1]. Cette sinistrose nous tire insidieusement vers le bas. Le mal-être individuel est amplifié par la crise ambiante. Pour se donner des chances de surmonter tout cela, l'énergie et la volonté ne suffisent pas. Il est bien utile de prendre un peu de recul et d'utiliser les outils donnés tout au long de ce livre.

Relativisons. Pas un article de presse sur l'adolescence qui ne titre sur l'« ado en crise ». À tel point que je rencontre parfois des parents qui me demandent si c'est normal quand tout est calme à la maison ! En fait, les trois quarts des jeunes traversent l'adolescence sans problème aigu. Dix à 15 % souffrent de troubles psychiatriques, et à peu près autant rencontrent des difficultés plus ou moins passagères. Oui, il faut le dire, un jeune peut traverser l'adolescence sans « crise ». Il peut évoluer, se transformer, vivre des transitions sans opposition violente,

1. Enquête Ipsos, avril 2013.

sans rupture avec les valeurs familiales, sans rejet des parents autrement que symboliquement. Mais, pour cela, il faut que parents et jeunes coopèrent.

Nos ados nous font nous interroger sur notre identité : « Qui suis-je ? Qu'ai-je fait de mes rêves, de ma vie ? » Parfois, sans en être conscients, nous inondons nos enfants d'images d'angoisse, d'injonctions. Les adolescents sont les reflets de ce que nous sommes, aime dire le pédopsychiatre et psychanalyste Philippe Jeammet[1], et leurs « crises » sont le miroir des nôtres. Nos ados sont des éponges émotionnelles, hypersensibles. Ils nous mettent face à nos incohérences. Ils nous questionnent sur nos rêves et cela peut parfois être douloureux. À 13 ou 14 ans, ils vont le faire inconsciemment, notamment en manifestant des difficultés scolaires. À 16 ou 17 ans, ils n'hésitent plus à nous interroger directement, à nous prendre à partie, voire à nous agresser franchement : « Qu'as-tu fait de tes rêves, de tes amours, de tes engagements... ? »

Si vous essayez de transmettre des valeurs auxquelles vous croyez, mais que votre vie personnelle est en contradiction avec ce que vous décrétez (et cela nous arrive à tous), il y a de fortes chances que votre adolescent pointe cette contradiction du doigt.

Par exemple, si vos propres relations amoureuses sont compliquées (divorce plus ou moins bien assumé, nouvelle relation, vide et recherche amoureuse...) au moment où votre adolescent connaît ses premiers émois, alors il se peut qu'il y ait télescopage. Cela peut créer des remous, des tensions, voire des crises.

- *Quand un ado découvre que son père ou sa mère entretient une relation cachée, cela l'entraîne dans un conflit de loyauté. Doit-il dire quelque chose ? Quelle est sa part de responsabilité ? Et comment peut-il avoir confiance dans son amoureux(se) ?*

1. Cité par Fabrice Hameury dans les *Maxi Fiches DC1, DEES-DEME, Aspects psychologiques et connaissance de la personne*, Dunod, février 2016.

Autre exemple : certaines crises professionnelles vécues par les parents, même non dites, peuvent avoir des répercussions sur l'adolescent. Ainsi, les cas de harcèlement professionnel, déjà difficiles à vivre pour l'adulte, se rejouent couramment avec l'ado, que l'on soit la victime ou le bourreau. J'ai rencontré plusieurs cas de cet ordre.

- *Lionel, 32 ans, s'est aperçu que la période de harcèlement qu'il a traversé au lycée correspondait à la période où sa mère était elle-même victime de harcèlement dans son entreprise.*
- *Yolande est dépressive depuis sa jeune adolescence. Elle a fait une tentative de suicide vers 20 ans. Elle n'apprendra qu'au décès de son père que celui-ci était bipolaire depuis toujours et qu'il avait également attenté à ses jours.*

Si ces exemples réveillent en vous des émotions et des tensions, il est peut-être temps pour vous de faire un travail personnel. C'est exigeant et salutaire. Cette interpellation est l'occasion d'ouvrir des voies, pour vous motiver à prendre soin de vous.

Commencez par vous regarder en face et vivez un peu plus « votre vie ». Autrement dit, vivez un peu plus pour vous-même au lieu de vivre pour les autres. Si, pour toutes les bonnes raisons du monde, vous vous étiez un peu négligé, voire sacrifié pour les autres, c'est en agissant un peu plus égoïstement, en étant à l'écoute de vos besoins, que vous serez plus en accord avec vous-même ; ainsi votre ado vous verra comme un adulte « debout ». C'est une bonne nouvelle mais cela peut, pour certains d'entre nous, être un long chemin. Il s'agit de se défaire de certaines injonctions de dévouement extrême, qui peuvent aller jusqu'à la négation de soi-même, que nous avons intégrées depuis très longtemps. Ce n'est pas forcément facile… Attention, il ne s'agit absolument pas de se centrer uniquement sur soi-même mais de trouver un équilibre.

Si vous avez une difficulté avec votre ado, vous devez essayer de voir ce que vous pouvez faire, en quoi cela vous concerne. C'est à vous, parents, de faire quelque chose. Arrêtons de penser que ce sont nos ados qui ont des problèmes.

Très souvent, je constate que la souffrance réelle ou les vraies difficultés que l'ado exprime trouvent leur origine dans l'environnement familial : des parents trop présents donnant une éducation très stricte ou au contraire absents – que ce soit physiquement ou affectivement –, trop occupés à gérer leurs propres besoins, leurs propres crises. Ces souffrances peuvent remonter à la petite enfance, trouver leur origine dans des liens d'attachement qui ont été mal tissés dès le départ, ou dans des liens qui se sont abîmés avec les épreuves de la vie.

Il ne s'agit pas d'en prendre toute la responsabilité et encore moins de culpabiliser, mais de réaliser le pouvoir que nous avons de changer quelque chose.

Stop à la pression scolaire

On sait aujourd'hui beaucoup mieux comment fonctionnent les hormones. L'adrénaline est principalement l'hormone de l'alerte mais aussi du stress, de l'angoisse et de la colère si elle est secrétée en excès – elle devient alors toxique. En cas de décharge d'adrénaline, nous sommes submergés par nos émotions et notre corps entre en hypervigilance, prêt à tout moment à attaquer, fuir ou se replier. Cette hormone permet une réaction rapide, nécessaire à notre survie, en tout cas dans le milieu naturel. C'est le même mécanisme qui entre en jeu dans le sport ou face à un danger vu au dernier moment.

Cette réaction salutaire de l'organisme a son revers. Quand le stress devient fréquent, régulier, voire permanent, l'excès d'adrénaline use l'organisme. Et les scientifiques sont aujourd'hui capables de mesurer cette usure.

Cela ne s'arrête pas là. Dans la durée, le stress provoque aussi la sécrétion d'une autre hormone : le cortisol. Un taux élevé de cortisol entraîne le sentiment d'être sans courage, triste, en grande insécurité. La pédiatre Catherine Gueguen écrit : « L'enfant se sent menacé et angoissé. Ses pensées, ses émotions, ses perceptions sont voilées par un sentiment de peur, de grand danger. Il est inhibé, dans l'impossibilité d'entreprendre et de surmonter la moindre difficulté[1]. »

1. Dr Catherine Gueguen, *Heureux d'apprendre à l'école*, Les Arènes, janvier 2018.

REPÈRES

Mon enfant subit-il une pression scolaire ou un stress trop important ?

Voici quelques situations révélatrices d'un stress familial ou scolaire :

- Enfant changé d'établissement pour anticiper et favoriser l'admission dans une meilleure classe lors du passage au lycée.
- Surenchère aux cours particuliers.
- Relation plus difficile avec l'adolescent ; cercle vicieux de la perte de confiance des parents envers l'ado et de l'ado envers lui-même.
- Panique des parents à l'idée de perdre 5 minutes à faire des exercices de relaxation ; dépréciation des cours non indispensables comme les cours de pratique artistique.
- Établissement scolaire qui annonce aux parents, au début de l'année, que les six premiers de la classe, et ceux-là seulement, pourront poursuivre leur scolarité dans l'établissement l'année suivante.

On sait donc aujourd'hui que le stress joue sur la qualité de la concentration et sur les apprentissages. Il a un effet sur la performance à long terme, en particulier sur les résultats scolaires. Un jour votre enfant montre une opposition soudaine, voire bascule dans la phobie scolaire. Il sèche les cours…

À cette lumière, il est donc fondamental de relâcher la pression scolaire (celle que les élèves se mettent à eux-mêmes, celle des parents, celle des établissements scolaires, celle de la société) et d'explorer d'autres façons de faire. La Britannique Dimitra Hartas, professeure en sciences de l'éducation, insiste sur le fait que la conversation entre les parents et leurs adolescents sur d'autres sujets que la scolarité peut renforcer bien davantage leurs apprentissages[1].

1. Dimitra Hartas, *Parenting, Family Policy and Children's Well-Being in an Unequal Society : A New Culture War for Parents*, Palgrave Macmillan, 2014.

OUTIL

Relâcher la pression scolaire sur son ado

- Travailler sur nos peurs d'adultes.
- Inviter son ado à découvrir ses différentes formes d'intelligence (voir p. 57).
- Mettre en place une politique des « petits pas » (exemple sur les études courtes, p. 92).
- Développer son intelligence émotionnelle (par la gestion du stress, l'art, la méditation, le sport, la nature, le yoga…).
- Changer notre regard sur la réussite.

Un trop-plein d'aide

Je rencontre des parents qui m'expliquent qu'ils doivent rappeler tous les jours à 18 heures à leur grand ado que c'est l'heure des devoirs. J'ai vu une mère qui se couchait à 1 heure du matin pour faire les devoirs de son fils en terminale. Elle consultait car elle n'avait plus la force de faire de même avec son deuxième enfant. Dans une autre famille, un père rédige les lettres de motivation de son fils pour sa recherche de stage. Vous allez me dire qu'ils sont trop jeunes, que c'est difficile, qu'ils ne savent pas… Des chercheurs de l'université de Birmingham ont mené l'enquête. Sur 483 étudiants en situation d'échec, ils ont constaté qu'un tiers d'entre eux avaient des parents qui prenaient toutes les décisions à leur place.

Il y a une différence entre prendre soin d'eux et les prendre en charge. La deuxième attitude est l'expression d'une angoisse des parents qui peut paralyser leurs enfants, nous met en garde Emmanuelle Piquet[1].

Par ces comportements, vous entravez le bonheur de vos jeunes et leurs chances de réussir leur vie. Je vous invite à regarder sur Internet le témoignage de Julie Lythcott-Haims, une universitaire américaine, et à écouter attentivement quand elle parle de tâches ménagères et d'amour[2].

Oui, confier des tâches ménagères à votre ado peut témoigner de la confiance que vous lui faites plutôt qu'être un transfert de corvées. L'intention que vous y mettez est importante. En fonction de la façon dont vous vous exprimerez, vous lui signifierez « Tu fais partie de la famille ; étendre le linge contribue à cette appartenance ; je serais fier

1. Emmanuelle Piquet, *Mon ado, ma bataille. Comment apaiser la relation avec nos adolescents*, Payot, 2017.
2. Julie Lythcott-Haims, « Comment éduquer des enfants qui réussissent – sans trop les couver », TED Talks Live, www.ted.com, septembre 2016 (www.ted.com/talks/julie_lythcott_haims_how_to_raise_successful_kids_without_over_parenting?language=fr).

que tu apprennes cela aussi », ou, au contraire, vous ferez passer le message « Je n'en peux plus ; tu dois passer l'aspirateur à ma place ». Entretenir un logement recèle suffisamment de tâches variées pour en trouver quelques-unes qui sortent des habituels « mettre le couvert », « mettre le linge sale dans le panier »... Vous serez plus crédible face à votre ado en lui confiant des tâches plus complexes. Aussi souvent que possible, faites-les avec eux ; c'est une belle occasion de partager un moment de qualité.

Quelques exemples :
- monter les meubles en kit ;
- entretenir la voiture ;
- planter un arbre ;
- poser du papier peint ;
- réparer un robinet ;
- ranger un grenier.

Plus généralement, trop tenir la main d'un ado qui grandit, sans lui donner la possibilité de tester ses forces, provoque chez lui des pensées négatives et des comportements déplacés. Certains ados aujourd'hui sont convaincus que tout leur est dû. Qu'il suffit de cliquer sur un bouton pour obtenir ce qu'ils convoitent. Je l'ai constaté à de nombreuses reprises. Ils ont du mal à rebondir, à supporter une remarque, une déception, une contrainte. Certains sont plus intéressés par la possession que par des relations vraies :
- ils pensent qu'ils ne sont pas capables ;
- ils sont convaincus qu'ils ne le méritent pas ;
- ils croient que c'est trop dur ;
- ils attendent tout d'autrui ;
- ils hésitent et ne savent pas faire de choix ;
- ils quittent leur amoureux(se) au premier désaccord.

Il y a pourtant des solutions pour leur permettre d'acquérir une force mentale.

Ce que nous disent les neurosciences

Votre fille passe du rire aux larmes; votre fils, si raisonnable d'habitude, agit de façon incompréhensible. Qu'est-ce qui leur arrive ? Avec eux, c'est « tout ou rien » : ils passent d'un extrême à l'autre en un instant, ils fonctionnent à l'immédiateté. La science explique désormais ces comportements. Les connaissances, qui ont progressé dans deux domaines en particulier, ont contribué à éclaircir ces mystères apparents : les hormones et les neurotransmetteurs.

Depuis leur découverte au début des années 1920 et durant tout le reste du XXe siècle, les hormones sexuelles étaient généralement mises en cause pour expliquer le comportement des ados. Certes, les taux d'hormones augmentent à l'adolescence, mais celles-ci ne sont pas à l'origine de tous les débordements. Les neurosciences expliquent désormais que ces bouleversements sont dus aussi au développement cérébral. Les spécialistes estiment que le cerveau adolescent n'a parcouru que 80 % de son chemin vers la maturité, lent processus pendant lequel les aires cérébrales subissent un profond remodelage[1]. À partir de la puberté, le cerveau commence ce que l'on appelle un « élagage synaptique », c'est-à-dire une suppression des connexions établies pendant l'enfance et qui ne servent plus. La matière blanche – qui abrite les fibres nerveuses, elles-mêmes entourées d'une gaine de myéline protectrice – augmente, permettant des connexions plus rapides entre les zones cérébrales, notamment les lobes frontaux, alors que la matière grise se fait de plus en plus fine. Ce travail se prolonge jusqu'au milieu de la vingtaine.

Une des premières choses qui changent avec la puberté est ce que l'on appelle le « système de récompense » dans le cerveau. Ce système

1. Voir par exemple Dr Daniel Siegel, *Le Cerveau de votre ado. Comment il se transforme de 12 à 24 ans*, Les Arènes, 2018.

dépend d'un neurotransmetteur (un composé chimique qui permet aux neurones de communiquer entre eux) appelé dopamine, responsable de la sensation de plaisir. Lors du déclenchement de la puberté, la densité des récepteurs de la dopamine se modifie. Le résultat est à la fois une baisse du taux de base de dopamine et un accroissement de la quantité libérée ponctuellement par les neurones. Ces changements modifient le comportement, et cela peut se traduire chez l'adolescent par un état d'agitation et d'impatience. Et l'un des comportements principaux récompensés par la libération de dopamine est la quête de la nouveauté.

C'est ce qui explique que les adolescents ont le goût du risque, recherchent des sensations fortes et font preuve d'impulsivité. Tester ses limites, faire de nouvelles expériences, apprendre à se connaître, explorer le monde sont des comportements qui reflètent parfaitement les transformations de leur cerveau.

Cette spécificité explique les capacités de mémorisation et d'adaptation des jeunes. Pour peu qu'ils reçoivent un discours éducatif positif de la part de leurs parents et de leur environnement, il leur sera facile d'adopter de nouveaux comportements.

Les neurotransmetteurs ne sont pas responsables de tout, les hormones jouent aussi un rôle important dans le comportement des adolescents. L'ocytocine est une de ces hormones dont le rôle a été bien mis en évidence. Elle est surnommée « hormone de l'attachement ». À l'adolescence, le lien d'attachement avec les parents se modifie : il diminue un peu ou se transforme pour laisser plus de place à d'autres relations sociales. C'est d'ailleurs ce qui permettra plus tard au jeune de s'attacher à un autre être : l'amoureux(se).

REPÈRES

Le lien d'attachement

J'ai expliqué l'importance du lien d'attachement parent-enfant dans mon livre *Élever ses enfants sans élever la voix*[1]. À l'adolescence, ce lien peut être fort et de qualité comme il peut être fragile ou abîmé, en fonction de l'histoire familiale de chacun. Au début de l'adolescence, il sera encore bien souvent possible de travailler à l'amélioration de ce lien d'attachement. Mais plus ce lien est abîmé, plus les situations seront tendues au fur et à mesure que le jeune grandira. Dans certains cas, il sera préférable de lâcher prise, et même de prendre plus de distance que vous ne le souhaiteriez. Ainsi vous vous donnerez une chance de renouer plus tard avec votre enfant dans une relation complètement différente, d'adulte à adulte.

Je suis tout à fait consciente de la difficulté que cela peut représenter pour tout parent. Votre peur de voir partir votre enfant est légitime. Il est même conseillé de trouver une personne intermédiaire qui assurera un lien à distance : un grand-parent, un oncle ou une tante, etc. Cet éloignement pourra durer quelques semaines, quelques mois, voire quelques années, pendant lesquels vous aussi vous cheminerez. Pour certains, se faire accompagner par un professionnel se révélera nécessaire. L'objectif restant de se retrouver dans une relation apaisée et constructive. Soyons clairs : se détacher de ses parents est dans la nature de l'adolescent. La manière de le faire diffère d'un jeune à un autre, d'une famille à une autre. Ne soyez pas trop dur avec lui ou avec vous-même, et soyez fier de ce que vous vivez ! Peut-être votre ado est-il en train de vous dire à sa manière : « Si je suis dur avec toi, c'est parce que c'est plus facile pour moi de te quitter de cette façon » ?

1. *Élever ses enfants sans élever la voix*, *op. cit.*, p. 39.

Je souhaiterais ici mettre en garde sur la place à accorder aux neurosciences : les neurosciences ont fait leur apparition avec force dans les sciences de l'éducation. Mais elles ne doivent pas devenir la source unique de connaissances, ni un dogme.

Ce que l'on sait désormais du cerveau, du rôle des hormones et de certains phénomènes biochimiques n'excuse pas pour autant tous les agissements. Des parents justifient le comportement de leur adolescent en s'abritant derrière les neurosciences. Ils se déresponsabilisent : « La science l'a dit, donc je n'y peux rien ! » Parents, c'est à vous de poser des limites claires à vos enfants et de leur faire comprendre que toute conduite a ses conséquences.

Pendant longtemps, l'un des marqueurs du passage à la vie adulte était l'insertion professionnelle. Aujourd'hui ces marqueurs sont de plus en plus flous ; c'est aussi parce que les professionnels du marketing, s'appuyant sur les neurosciences, font durer la période de l'adolescence jusqu'à 30 ans ou plus. Et ceci pour des objectifs mercantiles.

Beaucoup d'études de psychologie et de sciences du comportement sont commanditées par des géants de l'industrie et du commerce. Ces études sont surtout des fers de lance pour vendre des produits.

D'une part, les connaissances scientifiques d'un jour peuvent être remises en cause le lendemain ; d'autre part, elles s'appliquent dans un contexte particulier, dans un temps donné, et ne sont pas toujours généralisables. Prenons du recul : nous devons rester les premiers éducateurs de nos jeunes, quel que soit le discours de la science. Comprendre est une chose ; placer notre enfant face à ses responsabilités est de notre devoir d'éducateur. Les neurosciences sont une discipline encore jeune. Gardons la distance indispensable par rapport à ces précieuses découvertes pour discerner quelles sont les meilleures pratiques éducatives, sans obéir à une nouvelle mode qui aurait tout redécouvert.

L'état de santé de nos ados

Malgré les progrès scientifiques, on constate que la santé – physique et psychologique – des jeunes ne s'améliore pas :

- Dans la dernière étude longitudinale[1] du Centre d'études et de recherches sur les qualifications (Céreq), l'inquiétude de jeunes révèle un paradoxe. Ils se disent majoritairement confiants face à l'avenir mais leur sentiment d'insécurité augmente[2].
- En France, les trois quarts des adolescentes hospitalisées en urgence le sont pour une crise d'angoisse, un trouble psychologique grave, pouvant pousser au suicide, qui devient de plus en plus répandu[3].
- La consommation d'alcool et de psychotropes s'est aggravée ces dernières années. Les tentatives de suicide et l'isolement semblent en augmentation. Les troubles bipolaires, les troubles anxieux, les phobies scolaires et la dépression ont beaucoup augmenté en l'espace de douze ans chez les jeunes[4].
- Les jeunes sont plus fragiles tant au niveau capacité respiratoire[5] que santé psychologique. On estime par exemple aujourd'hui que seuls 30 à 40 % des jeunes occidentaux ont une activité physique régulière et suffisante[6]. Or on sait que l'exercice physique, et donc le travail du souffle, a des effets très bénéfiques sur la régulation du stress.
- La consommation de sucres rapides et de graisses saturées a beaucoup augmenté, ce qui a un impact négatif sur la neurogenèse, c'est-à-dire la capacité qu'ont les cellules du cerveau à se renouveler.

---

1. Étude longitudinale : étude d'un même groupe de personnes sur plusieurs années.
2. Catherine Béduwé et Arnaud Dupray, « D'une génération à l'autre : l'inquiétude des jeunes en question », *Céreq Bref*, n° 361, février 2018.
3. Interview de François Pinabel, « Épidémie d'anxiété chez les adolescentes : mais d'où viennent ces crises d'angoisse ? », www.atlantico.fr, 10 octobre 2016.
4. Marc Olano, « Jeunes adultes : attention fragiles ! Entretien avec David Gourion », *Sciences humaines*, n° 278, février 2016.
5. Source : Fédération française de cardiologie, février 2016.
6. Marc Olano, « Jeunes adultes : attention fragiles ! Entretien avec David Gourion », art. cit.

- Le manque de nature et de soleil participe aussi à cette situation alarmante.

Ces données sont à prendre avec prudence : d'abord parce qu'il est difficile de faire la part des choses avec les progrès continus des connaissances médicales et paramédicales et la précision toujours plus grande des diagnostics. Ensuite parce que, comme nos besoins fondamentaux sont mieux satisfaits, nous commençons à être plus attentifs à notre santé psychique. Sans compter que l'industrie pharmaceutique a tout intérêt à soulever des problèmes pour mieux les résoudre. Sans tomber dans une quelconque théorie du complot et sans généraliser, on pourrait citer des exemples de cas.

Dans cet environnement plutôt négatif voire alarmant, mettre en pratique la psychologie positive en famille contribuera à limiter et peut-être même à faire régresser ces dérives. Car le bonheur alimente notre moteur et nous rend plus efficaces. Il ne s'agit pas de se convaincre que tout va bien dans le meilleur des mondes, mais plutôt d'adopter avec nos ados une nouvelle attitude face aux difficultés que nous pouvons rencontrer.

OUTIL

La boîte à bonheurs

Pendant deux ou trois semaines, remémorez-vous une fois par jour les petits détails de la journée qui ont été positifs et partagez-les en famille. Vous aiderez ainsi votre adolescent à prendre conscience de ses ruminations[1] négatives pour les apprivoiser et renforcer son mental. Ce renforcement positif permet d'accueillir les critiques sans se sentir anéanti.

1. Ruminations : pensées ou phrases négatives que l'on ressasse.

RESSOURCES

Des lieux d'aide et d'écoute

Si vous avez besoin d'aide, voici quelques mouvements, initiatives et lieux d'accueil un peu partout en France :

– le programme « Bien dans ses études, bien dans sa vie » de la fondation Pierre-Deniker ;
– les bureaux d'aide psychologique universitaires (Bapu), dont les consultations sont gratuites ;
– les Maisons des adolescents, dans la plupart des départements[1] ;
– les centres médicaux psychologiques ;
– les psychologues scolaires.

1. Voir la liste des Maisons des adolescents sur www.anmda.fr/les-mda.

Bien sûr, on se prend à rêver que bien d'autres actions positives soient menées : des campagnes pour la prévention du suicide, de l'anorexie ou des automutilations, des ateliers du bonheur d'être soi dans les collèges et les lycées, des ateliers pour accompagner les jeunes et/ou leurs parents…

La violence ordinaire

On entend souvent parler de violence éducative ordinaire au sujet des petits enfants. Son symbole, c'est la fessée. Mais la question est plus vaste. À la maison, à l'école, mais aussi au travail, la violence ordinaire est présente sans que nous nous en rendions compte. Pourtant la souffrance est là. Elle est difficile à voir tant elle est diffuse dans notre société.

Qu'est-ce que la violence dite « ordinaire » ? On peut déjà l'identifier par ses effets. Elle sème la peur et crée la dépendance. Elle génère le conformisme. Elle met en place les conditions de l'exclusion, du rejet et de l'humiliation. Elle fait naître les complexes et la frustration. Elle fragilise face aux addictions potentielles. Elle peut être la source d'un comportement d'autosabotage.

La violence ordinaire comprend la violence physique, les châtiments corporels : gifles, fessée (que 85 % de Français continuent à pratiquer aujourd'hui). Mais elle comprend aussi d'autres formes de violence, bien plus discrètes. Ainsi, elle se manifeste à chaque fois qu'on fait sentir à l'autre qu'il vaut moins, qu'on le ridiculise devant les autres, qu'on l'insulte, qu'on le méprise. Elle est faite d'humiliation, de menace, de chantage, de négligence, ou même d'hyperparentalité (voir p. 30), et ceci depuis parfois des générations.

Cette violence a touché beaucoup d'entre nous et nous a marqués. Nous sommes souvent dans le déni et transmettons ce que nous avons reçu ; car le mimétisme est une des bases de l'apprentissage.

Voici les formes que peut prendre la violence ordinaire vis-à-vis des adolescents :

- Leur faire des remarques qui les rabaissent : « Mais moi, à ton âge, je... », « T'es pas capable de... », « Tu crois que je me sacrifie pour tes beaux yeux ? », « Regarde ta sœur, elle bosse, elle ! », « Tu as vu comment tu t'habilles ? », etc.

- Souligner toujours ce qui ne va pas au lieu de relever les efforts, les progrès et les réussites.
- Ne pas intervenir même si on est au courant de comportements répréhensibles.
- Ne jamais leur exprimer notre amour.
- Fonctionner systématiquement avec le bâton et la carotte, la punition ou la récompense.

La violence verbale provoque des dommages psychologiques à long terme, dont les symptômes peuvent être : cauchemars, anxiété, culpabilisation… et qui peuvent s'aggraver s'ils s'installent. Quand le langage utilisé vise à porter atteinte à la dignité de la personne, on touche à sa sécurité intérieure. C'est souvent la première forme de violence. L'agresseur porte atteinte à l'estime du destinataire. Injurier ou blâmer (au lieu d'être factuel) aggrave la situation. Il vaut mieux tenter de comprendre le comportement de l'adolescent. Si vous ne proposez pas une solution constructive, vous risquez surtout de renforcer son comportement agressif ou son mutisme. Si, dans votre famille, on se parle mal, si l'injure devient courante, il est nécessaire d'intervenir, de faire le point pour rompre le cercle vicieux que, bien souvent, chacun entretient activement. Cela demande un effort collectif, un dialogue, et que chacun propose des solutions tout en restant à sa place.

Autrement dit, vous, parents, avez un devoir d'initiative pour provoquer la prise de conscience et le changement de comportement. Non pas à coups de « fais pas ci, fais pas ça », mais en regardant avec le plus d'objectivité possible votre propre attitude. Il y a une différence entre être maladroit ou se mettre en colère de temps en temps et se montrer systématiquement agressif. Dans le premier cas, une phrase d'excuse pourra être utile ; dans le deuxième cas, un changement de comportement est indispensable. N'oublions pas que ne pas communiquer peut générer autant de violence que l'agressivité elle-même. Je reviendrai sur des solutions pratiques dans la partie sur la communication (p. 219).

Un père de famille, à la sortie d'une de mes conférences, m'a raconté avec une voix pleine d'émotion – c'est rare chez un homme – sa prise de conscience : lui qui a été violenté s'efforce tant bien que mal d'agir différemment avec ses enfants. Puis il m'a dit combien il était heureux d'être aidé par son épouse.

Très souvent, les parents continuent de vouloir employer une autorité fondée sur le pouvoir alors qu'en fait ils n'en ont plus. À force de chercher à se faire obéir de leur ado à coups de menaces, de punitions, de récompenses ou de marchandage, les parents n'ont plus d'influence ; ils ne parviennent pas à lui apprendre à réfléchir sur une problématique et à la résoudre. Ils coupent les ailes de leur ado et s'étonnent ensuite qu'il n'ait pas d'envies, de désir, et qu'il ne sache pas prendre des décisions. Résultat : avachi sur le canapé, le jeune n'écoute pas ses parents et ne les respecte pas ; cette attitude plus ou moins explicite, plus ou moins permanente, trahit sa pensée profonde : « Cause toujours, tu m'intéresses ! »

Cela révèle que le lien d'attachement a été plus ou moins abîmé, voire rompu. Or ce lien familial est fondamental dans la construction de cet être à part qui se nourrit de la relation à l'autre : l'être humain.

Vincent, un père de 50 ans, ayant pris récemment conscience de tout ça, travaille à renouer le dialogue avec son fils, désormais jeune adulte, après des années de violence ordinaire, de pression sous forme de punitions et de récompenses, de peur, de chantages… Car il n'est jamais trop tard pour corriger son attitude – même si, plus vous commencez tard, plus cela risque d'être long ou difficile… Et Vincent raconte qu'il en voit progressivement les résultats sous la forme d'une relation apaisée. Au point d'être aujourd'hui capable d'en témoigner publiquement pour inspirer d'autres pères.

La conseillère pédagogique Christine Schuhl attire notre attention sur le fait que, dans certaines structures pour jeunes enfants, l'excès d'activités peut être source de violences[1] (voir p. 31). À l'adolescence, cela se traduit surtout par une pression scolaire qui s'intensifie. Certaines situations sont flagrantes : quand l'éducation est faite de chantages, d'humiliations, de comparaisons systématiques, quand on met en place un système de récompenses hyperhiérarchisé et permanent, quand les résultats scolaires conditionnent toute activité de plaisir (comme les sorties) ou le montant de l'argent de poche, alors la limite de la violence ordinaire est franchie.

Mais des situations en apparence plus saines peuvent masquer des ressentis extrêmes :

> *Théo est en seconde dans un lycée public très élitiste ; il a trois ans d'avance et enchaîne sans discontinuer d'excellents résultats scolaires. Un jour, ses notes subissent un très léger fléchissement : le jeune homme obtient la note de 12 sur 20 en langue vivante 2, c'est-à-dire dans une matière qui, malgré son intérêt, comporte moins d'enjeux scolaires que d'autres. Réaction du jeune, complètement désorienté par cette situation : il se jette par la fenêtre du premier étage en plein cours, devant ses camarades.*

Sans connaître les détails de l'histoire, j'affirme sans hésitation que, malgré sa réussite apparente, cet élève subissait une forme de violence éducative ordinaire.

La pression ne vient pas toujours des parents ou des établissements scolaires. Elle peut être aussi le fait des jeunes entre eux. Le brevet des collèges est emblématique sur ce point : comme il s'agit du premier examen officiel, la plupart des élèves sont capables de se transmettre mutuellement des émotions négatives (stress, peur, comparaisons). Sans oublier la peur de réussir, c'est-à-dire la peur de se démarquer du groupe. Parents, c'est le moment d'apprendre à votre enfant à gérer ses émotions dans cette situation génératrice de stress. Recentrez votre adolescent sur ses qualités, sur ses progrès, sur les commentaires

---

1. Christine Schuhl, *Remédier aux douces violences. Outils et expériences en petite enfance*, préface de Danielle Rapoport, Chronique sociale, 2011.

positifs de ses enseignants. Il en a besoin. Et n'hésitez pas à dialoguer avec lui. Demandez-lui notamment : « De quoi as-tu besoin ? Comment puis-je t'aider ? Quelle matière te semble plus difficile à aborder et que pourrais-tu faire pour dépasser cette difficulté ? » Soutenez-le, encouragez-le, aidez-le à mettre en place, progressivement, des outils pour qu'il monte en puissance et aille chercher en lui des ressources nouvelles. L'effort premier portera sur les matières dans lesquelles il se sent à l'aise pour gagner en confiance. Aidez-le à transposer ce qui fonctionne dans une matière vers d'autres matières.

OUTIL

Dépasser une difficulté avec les « 3 dessins »

Cette technique, présentée par Agnès Dutheil[1], est un outil simple et puissant pour vaincre une difficulté, qu'elle soit pratique ou émotionnelle. Si votre ado l'utilise pour la première fois, il vaut mieux que ce soit dans le cas d'une difficulté concrète, matérielle, d'organisation, de choix d'orientation… Cette méthode convient aux difficultés relationnelles ou affectives, mais comme ce sera un peu plus complexe, mieux vaut s'entraîner dans une situation pratique : organisation des vacances, réorganisation d'une garde alternée ou choix des orientations scolaires…

Le déroulé :

- Faites dessiner à votre ado un premier dessin de la situation à laquelle il est confronté.
- Puis demandez-lui un deuxième dessin, en l'invitant à répondre à cette question : « Si tu avais une baguette magique, quelle serait pour toi la situation la meilleure ? »
- Enfin, demandez-lui un troisième et dernier dessin où il représentera la ou les différentes solutions pour atteindre son objectif.
- Ensuite, débriefez avec votre ado, mais pas forcément immédiatement après, ou laissez-le avec ses dessins ; les choses mûriront. Ça n'ira sans doute pas assez vite pour vous… mais ce n'est pas grave !

1. Source : Agnès Dutheil, *La Psychologie positive*, Eyrolles, 2015.

Si cela correspond à votre ado, et ce sera bien souvent le cas, n'hésitez pas à lui proposer des supports pédagogiques différents pour compléter ce qui aura été vu en classe : vidéos, tutoriels sur Internet, etc. Il n'est plus en primaire, à l'âge où la maîtresse interdisait d'utiliser une autre méthode que la sienne, de peur de perturber l'apprentissage. À 14 ou 15 ans, votre ado saura parfaitement intégrer des ressources et des méthodes différentes, surtout si ce n'est pas la veille de l'examen !

En tant que parent, vous avez aussi un recul que le jeune ne peut pas avoir à son âge. Aidez-le à définir son objectif. Tous les élèves n'auront pas la mention très bien. Quel est l'objectif qui correspond à votre ado et qui le rendra heureux ? Et souvenez-vous (et rappelez-le-lui) que cet examen (tout comme les suivants) n'évalue que deux formes d'intelligence… sur huit ! N'oubliez pas de lui redire, quoi qu'il en soit, que vous êtes fier de lui dans tel ou tel domaine, et pas seulement dans les domaines scolaires.

La question des besoins de l'enfant s'est beaucoup développée avec l'éducation bienveillante. L'enjeu est donc de répondre aux besoins de son adolescent de manière équilibrée, tout en lui permettant de trouver ses propres ressources. Pour l'amener à être autonome et responsable, et à avoir confiance en lui.

Le harcèlement fusionnel

Je vois de plus en plus de parents qui sont dans l'hyperparentalité (voir p. 30) et se sentent complètement perdus quand arrive l'adolescence. Peu connu du grand public, le harcèlement fusionnel, l'amour qui étouffe, fait partie des violences ordinaires. Nos peurs, nos propres manques s'abritent derrière nos bonnes intentions. Ces parents-là entourent leur ado d'un amour étouffant. Le psychologue Eudes Séméria définit ainsi le harcèlement fusionnel : « C'est un ensemble de comportements répétés d'agrippement, d'accaparement et de dépendance par lesquels un adulte force une autre personne à le prendre en charge[1]. »

> *Dans son ouvrage, Eudes Séméria présente le cas de parents qui soutiennent financièrement leur enfant de 23 ans alors que ce n'est plus vraiment nécessaire. Ce jeune adulte, trouvant la situation confortable, commet inconsciemment des actes d'« autosabotage » : en tout cas, il ne s'autorise pas à construire sa vie et à accéder à l'autonomie et à la responsabilité. Il est victime de harcèlement fusionnel.*

En même temps, le « harcelé » tire des bénéfices inconscients de la situation. Il y a une dépendance affective.

Alors non : n'anticipez pas tous les désirs de votre ado, ne le surprotégez pas, ne contrôlez pas tout ce qu'il fait « pour son bien ». Donnez-lui très tôt la possibilité de prendre des responsabilités et acceptez qu'il se trompe. L'erreur en est la contrepartie obligatoire. Ou plus exactement la possibilité de l'erreur. Comment être responsable de ses actes si chaque pas que l'on fait est encadré, calculé à l'avance, contrôlé… Être responsable, c'est faire des choix et prendre des décisions seul, en mesurer les conséquences et corriger si besoin.

---

1. Eudes Séméria, *Le Harcèlement fusionnel. Les ressorts cachés de la dépendance affective*, Albin Michel, 2018.

Qu'est-ce que se sentir adulte ?

Quelques mois après ses 18 ans, je pose cette question à Ronan : « Te sens-tu toujours ado ou enfin adulte ? » Il me répond : « Je me sens jeune adulte car je pense et j'agis de façon autonome, et je peux assumer des responsabilités. C'est cela qui fait de nous des adultes. L'adolescence véhicule un ensemble de préjugés qui nous sont collés comme des étiquettes et beaucoup d'entre nous, du coup, se trouvent enfermés malgré eux dans ce qu'ils ne sont pas. »

De ces propos ressortent deux notions importantes : l'étiquette (qui enferme) et les préjugés sur les défauts des adolescents (qui pèsent comme un fardeau et entravent la prise d'autonomie des jeunes). Parents, éducateurs, oubliez vos a priori. Laissez beaucoup de place dans votre esprit à ce que peut devenir le jeune que vous avez en face de vous. Il peut vous surprendre, ne pas correspondre aux idées, mêmes inconscientes, que vous avez sur l'adolescence. Ce sera d'autant plus facile pour lui de se construire, de révéler ses propres talents, de déployer ses ailes, de devenir adulte. C'est en laissant cette place ouverte que vous verrez vos jeunes aller au-delà de ce que vous pensez de l'adolescence et vous étonner.

Faire « à la place » de son ado, « tout lui donner », etc. ne lui permet pas de prendre sa place d'adulte.

- *Amaury, 19 ans, est parti en voyage pendant l'été. Ses parents avaient décidé de lui avancer l'argent nécessaire pour lui permettre de s'organiser, mais lui avaient demandé de les rembourser assez rapidement à son retour. Il a ainsi pu en profiter tout de suite, malgré les examens et autres contraintes. En revanche, quand il est rentré, il a fait des petits boulots, ce qui lui a permis de rembourser ses parents. Ceux-ci ne lui ont pas coupé les ailes (il est vrai qu'ils pouvaient faire cet effort financier), mais lui ont au contraire mis le pied à l'étrier. Ils ont trouvé le compromis qui lui permettait à la fois de mettre en œuvre son projet dès cet été-là et d'en assumer le financement. Ils ont en quelque sorte accéléré son autonomie.*

- *Suzanne, quant à elle, a économisé pendant deux ans pour pouvoir voyager dans plusieurs pays d'Europe après son bac… Elle y pensait depuis le début de la classe de première. Sa motivation pour ce premier grand voyage hors de nos frontières était suffisamment forte pour qu'elle apprenne par elle-même à anticiper. Elle avait même commencé à rêver de ce projet avec une amie dès la fin de la troisième.*
- *Les parents de Philippe, 17 ans, l'ont autorisé à partir un week-end faire du camping avec ses copains… sans le prévenir qu'ils avaient retenu une place dans le camping le plus proche, au cas où. Quand il s'en est rendu compte, Philippe a vécu cette situation comme une véritable trahison.*

Amaury a appris ce qu'est le coût de la vie, la valeur de l'argent ; il a eu la satisfaction de construire un projet par lui-même et a fait un grand pas sur le chemin de l'autonomie. L'histoire de Philippe, quant à elle, est bien évidemment un contre-exemple de ce qu'il faut faire avec nos adolescents. Parents, éducateurs, ne faites pas semblant d'accorder votre confiance. Se sentir trahi est le pire sentiment que puisse ressentir un adolescent. Cela peut laisser des traces très longtemps.

Je l'ai déjà dit, ce chemin vers l'autonomie doit se faire progressivement. Tout ne doit pas être donné d'un coup « parce qu'on a l'âge » et chaque adolescent a son rythme. On peut regretter que, dans le monde anglophone, la période de l'adolescence soit gravée dans le marbre du vocabulaire. En effet, en anglais, le *teen-ager* est celui dont l'âge se termine par *teen*, soit de 13 (*thirteen*) à 19 ans (*nineteen*). Quels que soient votre sensibilité, vos talents ou votre parcours, la société anglo-saxonne, de par la langue, vous oblige à « rester adolescent » pendant sept ans de votre vie, jour pour jour. Heureusement, en français, nous échappons à cette étiquette redoutable parce qu'applicable à tous indifféremment. Cela dit, chez nous, ce n'est pas la langue qui s'impose, mais une sorte de consensus commun qui murmure bien trop souvent : « Attends ! Tu n'as pas l'âge. Je t'y autoriserai plus tard. » Et le pire, c'est que l'échéance n'est pas connue !

À l'inverse, marquer symboliquement un événement pour signifier « Tu franchis une étape » peut être profitable au jeune. C'est lui permettre de dire : « Regardez, j'assume seul telle ou telle partie de ma vie. » Les exemples sont nombreux : le vélo ou le scooter pour aller en cours, le premier voyage entre amis sans adultes, le bac (ou tout autre diplôme), l'année de césure, le premier « petit boulot » ou le contrat d'apprentissage, le permis de conduire, l'argent de poche, le compte en banque ou la carte bancaire…

L'acquisition d'un smartphone peut faire partie de ces étapes symboliques – avec quelques réserves, comme je l'ai dit plus haut. Dans la mesure où l'on a réussi à différer l'achat tant que l'enfant était trop jeune, lui en offrir un est le symbole qu'une nouvelle étape est franchie. Il faut cependant veiller à ce qu'il en soit de même pour chacun des frères et sœurs, surtout si l'objet est attendu de longue date.

À vous de déterminer quelles seront ces étapes symboliques qui pousseront votre ado à grandir. Selon le cas, elles lui feront peut-être un peu peur ou au contraire il sera impatient de les franchir et elles lui donneront progressivement confiance en lui.

Plus généralement, comment faire en sorte que nos jeunes trouvent des solutions par eux-mêmes ? Je vous propose un petit exercice.

EXERCICE

Le jeu des 9 points

Reliez ces neuf points :
- en traçant quatre droites ;
- sans lever le crayon ;
- en passant par chacun des points ;
- et en ne passant qu'une seule fois par point.

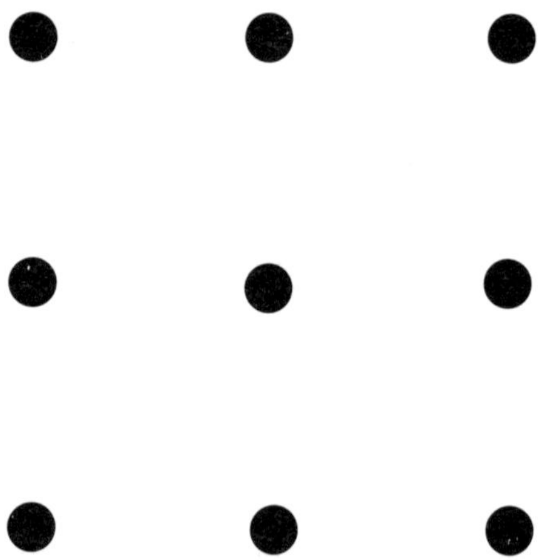

Voir la solution p. 247.

Cet exercice veut nous faire comprendre une chose : pour trouver la solution à un problème, il est parfois nécessaire de sortir du cadre, c'est-à-dire de nos schémas. Il faut être créatif, changer d'angle de vue. Notre rôle de parent est d'aider notre ado à avoir un regard critique sur les difficultés et de l'inviter à être imaginatif pour trouver une solution, sachant qu'il y a parfois plusieurs solutions envisageables.

OUTIL

Aider son ado à trouver des solutions par lui-même

Voici ce que vous pouvez dire à votre ado pour lui permettre de trouver par lui-même la réponse à ses problèmes :

- « Quelle serait la situation idéale ? »
- « Si tu ne changeais rien, qu'est-ce qui se passerait (demain/dans trois mois/dans un an…) ? »
- « Donne-moi trois ou quatre pistes d'action, même si elles te semblent farfelues ou irréalistes dans un premier temps. »
- « Choisis la solution qui te semble la meilleure et commence à la mettre en œuvre. »
- « Demain/dans trois mois/dans un an…, tu me diras si ton action a porté ses fruits et s'il y a éventuellement lieu de rajuster les choses. »
- « Qu'as-tu déjà fait qui marche bien ? »
- « Qu'est-ce qui marche que tu pourrais améliorer ? »
- « Qu'est-ce qui marche et comment pourrais-tu le transposer à ton cas ? »

N'oubliez pas : toute expérience vécue en famille est un chemin déjà bien dessiné ou au moins une esquisse qui sert de repère au jeune. Et même si pendant un temps votre ado ne veut plus vous suivre en balade ou adopte une « nourriture de jeunes » (pâtes, pizza, burger, kebab, frites !), il sera pour lui plus facile de reprendre de bonnes habitudes plus tard. Vous semez des graines. Soyez patient.

La conquête de l'autonomie de votre adolescent est un chemin qui l'éloigne de vous. Vous tracez une voie, jour après jour, par ce que vous vivez en famille. Ce dessin, cette esquisse, vous en êtes responsable. De toute façon, elle laissera des traces indélébiles dans l'histoire de votre ado.

Nouveau regard sur le parcours scolaire

Quel établissement scolaire pour votre ado ?

L'environnement immédiat des adolescents conditionne leur santé physique et surtout psychologique, en particulier l'établissement scolaire, d'autant plus qu'ils y passent beaucoup de temps. Je vous propose un condensé des questions à vous poser, en trois temps.

Connaître l'établissement en profondeur

Confrontez les informations que vous rassemblez sur l'établissement envisagé et la description que l'établissement fait de lui-même :

- Taille de l'établissement.
- Niveau d'encadrement, place donnée aux règles et à la discipline.
- Taux de réussite aux examens, de préférence corrélée à l'origine et aux parcours des élèves. (Consultez les classements annuels.)
- L'établissement privilégie-t-il la performance scolaire ou le bien-être des élèves ?
- Place donnée aux parents dans la relation éducative. De nombreux établissements scolaires rappellent aux parents qu'« [ils] sont les premiers éducateurs de leurs enfants ».
- Niveau général de l'établissement. Quelle est la probabilité que les résultats scolaires de votre ado le positionnent « en tête », « comme les autres » ou « en position de rattraper le mouvement » ?

Réfléchir aux besoins de son ado

Croisez ces informations avec ce que vous connaissez de votre enfant. Réfléchissez avec lui à ce qu'il est, ce qu'il préfère, à l'environnement dans lequel il s'épanouit le mieux : vous devriez pouvoir faire le bon compromis.

- Est-ce qu'il a déjà une première idée du métier qu'il voudrait exercer ou du secteur d'activité qui lui plairait ?
- A-t-il une passion ?
- Aime-t-il la compétition ?
- Quelle place donne-t-il aux relations avec ses camarades ?
- Quelles sont ses relations avec ses professeurs ? Est-il important pour lui d'échanger avec eux ?
- Votre lieu de résidence est-il à une distance raisonnable de l'établissement ? Cette question est à ouvrir au maximum dans un esprit de sortie du cadre (voir le jeu des 9 points, p. 86).

Envisager une structure alternative

Les structures alternatives sont nombreuses et diverses :

- Classes à horaires aménagés pour pouvoir pratiquer des activités extrascolaires à fort investissement (sport, musique, danse...) au collège et leur équivalent au lycée avec les classes à double cursus.
- Cours par correspondance : sachez qu'il est possible de s'inscrire pour une seule, plusieurs ou toutes les matières. Le Cned[1] est l'établissement public qui propose tous les cursus. Il existe aussi une poignée d'établissements privés ouverts à cette solution.
- Internats d'excellence, écoles de la deuxième chance, lycées autogérés...
- Fédération des établissements scolaires publics innovants[2], qui regroupe une quinzaine d'établissements en France.
- Établissements privés hors contrat, qui développent une approche pédagogique qui leur est propre.
- Établissements ou classes spécialisés dans certains profils d'élèves, par exemple pour certains handicaps, mais pas seulement : précocité, dyslexie, phobie scolaire... Un simple aménagement d'horaires dans l'établissement actuel de votre enfant peut suffire, et ce pour des motifs variés, dont la phobie scolaire.

1. Centre national d'enseignement à distance (www.cned.fr).
2. www.fespi.fr

- Écoles démocratiques : réseau récent qui apporte une offre éducative nouvelle. Ces écoles sont fondées sur l'égalité de parole et de décision entre adultes et jeunes, et sur le respect mutuel. N'hésitez pas à découvrir ces écoles radicalement différentes. Elles vous donneront un aperçu de ce que le lâcher-prise en matière de parcours scolaire peut donner comme résultats.

L'orientation scolaire

Une autre question, à laquelle aucun jeune n'échappe et qui rejoint celle du choix de l'établissement, est celle de l'orientation. Ce n'est pas l'objet de ce livre, cependant je souhaite vous donner quelques repères.

Nous connaissons tous les filières qu'on appelle « d'excellence ». Pourtant nous savons que certaines réputations sont excessives. Si personne ne peut à lui seul faire évoluer l'image d'une filière, il est cependant de notre responsabilité de parent de ne pas enfermer un jeune dans un système et un choix qui ne lui conviennent manifestement pas.

Ainsi, le bac général et la filière S en particulier ne conviennent pas à tous les enfants… et tant mieux ! Je vois tous les jours des enfants orientés vers le bac S qui souffrent de ne pas être à leur place. Et souffrir ne contribue pas à mieux apprendre. Non seulement le jeune est à bout de force par rapport à ce qu'on exige de lui, mais en plus, comme il n'est pas à sa place, il ne réunit pas les conditions psychiques qui lui permettraient de mobiliser toutes ses capacités. Il souffre progressivement de difficultés et de tensions croissantes, inutiles et sources d'inefficacité. Pire, il risque de rester dans cette situation et dans cet état d'esprit quand il commencera ses études supérieures. Et s'il réussit malgré tout à obtenir un diplôme en restant dans la même voie, le sentiment de ne pas être à sa place peut très facilement se transformer en « syndrome de l'imposteur ». Il est maintenant reconnu que ce syndrome se traduit parfois dans le monde du travail par de l'agressivité, par un burn-out ou un autre mal-être.

On demande aux familles et aux jeunes de prédéfinir un choix d'orientation dès l'âge de 15 ou 16 ans. Ce qui est très tôt, surtout en comparaison de l'autonomie qui est attendue des jeunes de cet âge. Ce qui est aussi disproportionné face à une offre complexe et pléthorique. Et c'est redoutable pour le jeune qui n'a pas encore été confronté à la réalité des métiers.

Rappelons que les systèmes d'orientation et de sélection à l'entrée des écoles supérieures ou des universités (Parcoursup et entretiens sélectifs) prennent de plus en plus en compte le dossier de l'élève depuis la classe de seconde. Dans ce dossier sont évalués les résultats mais aussi le classement de l'élève, les commentaires et les appréciations de ses professeurs, ses expériences extrascolaires, voire sa capacité à se présenter et à présenter son projet. Autrement dit, la maturité et la capacité du jeune à présenter la cohérence de son parcours pèsent de plus en plus.

Quand le jeune se connaît mal, quand il n'a pas la même notion du temps que les adultes, quand la valeur qu'il donne à l'argent diffère de la nôtre, quand on ne lui présente qu'une seule façon de réussir sa vie (diplôme, salaire et pouvoir d'achat), alors l'orientation et le choix des études ont bien peu de chances de porter leurs fruits.

De la même façon que j'ai évoqué l'intérêt de la psychologie positive sur la motivation en général, je vous propose de vous focaliser, avec votre adolescent, sur ses points forts, ses passions, la moindre de ses motivations, même si elle n'est pas dans le champ scolaire. Cultivez avec lui cette base positive, dans la durée. Vous verrez que cela peut faire naître beaucoup d'opportunités.

Des études trop longues ?

Le récent débat sur les *bullshit jobs*[1] (« jobs à la c... »), dénoncés par des jeunes diplômés très qualifiés, est révélateur d'une quête de sens. Un autre exemple nous est donné avec le manifeste des étudiants de grandes écoles pour choisir des entreprises engagées dans la lutte pour le climat[2].

Le phénomène est résumé dans un article du *Monde*[3] : « Jean a fait une prestigieuse grande école en trois lettres, pour aller contrôler la gestion d'une société de transport en quatre lettres. »

- *« Je passe ma journée à aligner des chiffres. Toujours plus pour toujours moins cher, je n'en pouvais plus de cette logique. Je suis parti en province. »*
- *« Je ne fais rien. Je suis étudiante dans une école de commerce et je me demande ce que je fais là. Mais il y a longtemps que je me suis fait une raison. »*
- *Quant à Yasmine, après avoir fait Sciences Po, elle est devenue ostéopathe, au désespoir de ses parents. « J'avais besoin de vraies relations, de voir de vraies gens. »*

Un certain nombre d'étudiants de grandes écoles changent de voie au cours de leurs études ou reprennent une deuxième formation à l'opposé de la première : plus courte, plus pratique et souvent moins prestigieuse.

Paradoxalement, les jeunes n'ont jamais été aussi longtemps formés et même bien formés. La jeunesse n'a jamais été aussi diplômée ; plus de 50 % des 20 ans et plus sont encore scolarisés. Ils n'ont jamais eu autant d'expériences préprofessionnelles, c'est-à-dire des stages d'observation ou d'application, ou des « petits boulots ». Cependant,

1. *Bullshit jobs* : notion inventée par David Graeber, anthropologue, professeur à la London School of Economics. L'expression désigne des tâches inutiles qui rendent un emploi vide de sens.
2. Manifeste étudiant pour un réveil écologique : https://pour-un-reveil-ecologique.fr/
3. Lorraine de Foucher, « Absurdes et vides de sens : ces jobs d'enfer », *Le Monde*, 21 avril 2016.

le relief, la maturité et l'envie ne sont pas au rendez-vous. Beaucoup se sont déjà résignés.

L'ambiance générale dans l'accès au monde du travail est une vraie violence faite à la jeunesse. On trouve d'une part une génération de jeunes adultes (dite génération Z et bientôt Alpha) plus indépendante, plus avertie des enjeux du monde, mieux formée que la précédente, et d'autre part des employeurs (et la société en général) dont le fonctionnement est resté autoritaire, d'une autorité « descendante » qui est de moins en moins en phase avec le fonctionnement permis par la technologie, les réseaux, les relations « horizontales ». Les marketeurs, qui créent les définitions des générations Y, Z, alpha, aimeraient que ces dernières entrent dans de nouveaux schémas de consommation.

Nous, parents, avons le pouvoir de donner à nos jeunes une indépendance d'esprit pour qu'ils ne reproduisent pas les erreurs du passé. L'éducation positive contribue directement à cette indépendance. Restons conscients que cette indépendance ne sera pas toujours bien accueillie dans le monde du travail. D'une part, il existe de plus en plus d'employeurs qui tiennent compte de ces dimensions participatives (méthodes agiles, entreprises libérées, bonheur au travail...) ; et d'autre part, je suis de ceux qui ne veulent pas s'autocensurer au prétexte que « ce sera difficile ». C'est plutôt pour moi un encouragement à préparer encore plus nos jeunes aux difficultés qu'ils pourront rencontrer.

Étant donné que nous avons, heureusement, des droits à la formation tout au long de notre vie active, étant donné que la plupart des jeunes seront amenés à changer de métier à plusieurs reprises au cours de leur vie, n'est-ce pas le moment de lâcher prise sur les études initiales ? En outre, si, financièrement, des études longues sont difficilement envisageables, si la maturité de votre enfant ne lui permet pas d'être sûr de la voie qu'il choisit, il vaut sans doute mieux qu'il s'oriente aujourd'hui vers des études courtes et pratiques, qu'il fasse un cursus en alternance ou qu'il commence à travailler. Il se posera la question de reprendre ou non un autre cycle d'études plus tard. Surtout s'il se sent à l'aise avec l'idée d'entrer plus tôt que ses camarades dans le monde du travail.

Regardons aussi ce qui se pratique en dehors de l'Hexagone. En Autriche, par exemple, 40 % des jeunes passent par une formation professionnelle en alternance, souvent commencée dès l'âge de 15 ans. La plupart bénéficient d'un salaire à l'embauche supérieur à celui des employés qui sont passés par l'université… et l'Autriche est le pays d'Europe qui connaît le plus faible taux de chômage des jeunes (la moitié du taux français). C'est un pays où un enseignant peut se montrer fier que son fils suive un parcours pour obtenir un diplôme professionnel de tourneur-fraiseur parce qu'il sait qu'il aura un beau métier dans les mains et qu'il trouvera toujours du travail. C'est un pays où la plupart des patrons de PME ont comme seul diplôme ces certificats professionnels acquis en alternance[1].

Je suis consciente que la compétition existe. La voie que je vous propose d'ouvrir avec votre ado consiste à affûter ses propres atouts, différents de ceux du voisin : maturité, envie, motivation, ouverture d'esprit, créativité… plutôt que de courir après un diplôme.

D'ailleurs, nombreux sont les patrons de grandes sociétés qui n'ont pas de diplômes[2].

1. France 3, journal télévisé du 16 mars 2019.
2. Voir mon livre *Heureux à l'école : tout commence à la maison*, *op. cit.*, p. 157.

Les addictions

Quand on dit « addictions », on pense bien entendu à l'alcool, aux drogues, aux jeux. Mais elles peuvent recouvrir des excès dans d'autres domaines : consommation de sucre, sport, pratiques sexuelles, exercice du pouvoir… En résumé, il y a addiction à chaque fois que l'activité procure une satisfaction immédiate intense, que cette satisfaction encourage à recommencer et le plus souvent à « augmenter les doses », mais que sa pratique régulière comporte des risques flagrants pour la santé physique ou psychologique.

Dans ce chapitre, je ne parlerai pas des addictions ou des comportements extrêmes, qui seraient trop complexes à aborder (drogues dures, alcoolisme avéré, activités sportives comportant systématiquement une mise en danger…), mais je souhaite vous donner des repères et vous inviter à la réflexion dès les 11 ou 12 ans de votre enfant, et tout au long de sa scolarité. En effet, il faut savoir que les chiffres ne sont pas bons et surtout qu'ils ne diminuent pas[1]. Aujourd'hui, vous ne pouvez pas faire l'économie de cette réflexion car notre société n'applique pas ses propres lois de protection des mineurs. Il y a beaucoup de contradictions et d'incohérences sur ces sujets. D'autant que les addictions sont aussi liées au mal-être et qu'elles font partie d'un rite de passage pour beaucoup de jeunes.

Les origines des addictions

Le mot « addiction » est entré dans le vocabulaire courant, à tel point qu'il est parfois utilisé de façon valorisante dans de nombreuses publicités, voire comme slogan par les marques : « Je suis *addict* », « *I am addicted to you* ».

1. Gérard Julien/AFP, « L'alcool tue plus de 40 000 personnes par an en France », Science setavenir.fr, février 2019.

Les addictions se cachent parfois derrière des comportements courants, qui paraissent naturels ou même vertueux. On peut être *addict* au sport, au sucre, aux réseaux sociaux ou aux jeux vidéo, au sexe… Les limites sont floues. Les industriels et les marketeurs savent très bien jouer avec ces limites.

Pourtant, la première cigarette n'est pas toujours agréable. On la fume pour faire comme les autres, pour se faire accepter par le groupe, pour se sentir grand, pour épater la galerie. On va prendre du plaisir, du moins c'est ce dont on essaye de se persuader. Il en va de même du premier verre d'alcool, de la première prise de drogue, etc.

La consommation de produits potentiellement addictifs déclenche très rapidement des modifications dans la production des neurotransmetteurs, notamment la dopamine. C'est ce que nous observons avec la cigarette ou le verre d'alcool, qui apportent une certaine détente. D'autres raisons de consommer, plus profondes et souvent inconscientes, se greffent aux phénomènes biochimiques. Ces motivations vont de la satisfaction des besoins fondamentaux (alimentation, amour, protection, reconnaissance du groupe…) aux pulsions autodestructrices de l'être (suicide, désir de mort…). On évoque de plus en plus un lien entre des émotions douloureuses (honte, impuissance, découragement) et les comportements d'addiction.

Le consommateur se justifie par le plaisir ou l'inhibition que ces substances produisent. Il s'octroie des répits dans sa souffrance quotidienne grâce aux petits flashs de bonheur artificiel que cela lui procure. Mais le mécanisme est enclenché, et bientôt le circuit de la récompense se dérègle : progressivement, des modifications neuronales et génétiques s'installent, on a besoin de doses de plus en plus puissantes pour retrouver le bien-être éprouvé lors de la première prise, la situation de dépendance s'aggrave. Oui, j'ai bien employé le mot « génétique » : les substances addictives agissent sur l'expression des gènes et modifient cette expression (ces découvertes sont récentes et font partie de ce qu'on appelle l'« épigénétique »).

Comment déceler un comportement d'addiction dès que possible ?

REPÈRES

Addiction : les signes extérieurs qui doivent vous alerter

- Un désintérêt soudain de l'adolescent pour des activités qui l'intéressaient jusque-là.
- Un changement brusque de groupe d'amis, de vocabulaire, de façon de parler ou de communiquer.
- Une baisse des résultats scolaires.
- Un changement de comportement et de tenue vestimentaire.
- L'utilisation de désodorisants dans sa chambre.
- Une demande d'argent de poche ou de l'argent qui disparaît de votre porte-monnaie…

Ces signes doivent vous alerter, mais pour qu'une addiction soit caractérisée, il faut également prendre en compte les deux notions d'intensité et de fréquence (nous y reviendrons p. 109). Aucun de ces critères ne caractérise à lui seul une présomption d'addiction. C'est le cumul de plusieurs de ces changements, leur intensité, leur durée qui constituent une alerte très sérieuse. Je compléterai même avec un autre signal d'alerte : le phénomène d'addiction entraîne très souvent un autre comportement : le mensonge. L'ado commence à se mentir à lui-même (« Mais non, je peux m'en passer quand je veux ! »), avant de glisser dans le mensonge généralisé (« Je vais passer la soirée chez un copain », « Je vais m'acheter un nouveau tee-shirt », « J'ai mal à la tête »). Il ne s'agit pas de tomber dans la suspicion permanente et forcément contre-productive. Mais ce risque demande de laisser derrière vous toute naïveté.

L'adolescent manque de vision d'ensemble. Il est dans la recherche du bénéfice immédiat, du plaisir. Il lui est difficile de mesurer les conséquences de sa consommation. Pendant cette période, le cerveau est en pleine transformation : les fibres neuronales régulatrices des flux se développent. Le centre de contrôle de nos comportements sociaux, situé dans la zone préfrontale, n'est pas encore pleinement opérationnel, or c'est lui qui permet de réguler ces comportements addictifs. C'est pour cela que l'adolescence est une période sensible en ce qui concerne les addictions. Et c'est une raison importante et objective pour que nous, parents, soyons vigilants et en alerte.

REPÈRES

Quelques repères en matière de produits consommés

Le **cannabis** est la drogue illégale la plus consommée. Même si les jeunes le considèrent comme une drogue « légère » et que de plus en plus de pays légalisent sa consommation, voire sa production, il n'en reste pas moins que c'est un produit illicite en France et considéré par de nombreux médecins comme dangereux pour le cerveau. Pourtant, sa consommation est banalisée parmi les jeunes : « Moi, le shit, c'est juste de temps en temps, dans les fêtes. Ça va avec l'alcool. C'est pour être un peu plus dans l'esprit de la fête. »

À l'adolescence, la consommation d'**alcool** se porte principalement sur la bière et les prémix (boissons alcoolisées à base de vodka, whisky et autres alcools forts, sucrées et aromatisées). L'âge moyen de la première ivresse est de 15,2 ans. En 2014, 58,9 % des adolescents âgés de 17 ans déclaraient avoir déjà été ivres au cours de leur vie, et plus d'un quart (25,3 %) avaient connu au moins trois ivresses au cours des douze derniers mois[1].

De son côté, le **tabac** entraîne une dépendance très rapide.

1. Enquête Escapad « Paquet neutre » 2016-2017, Observatoire français des drogues et des toxicomanies (OFDT). Une seconde enquête Escapad Flash sur la santé, les opinions et les usages de produits du tabac s'est déroulée du 25 février au 19 avril 2019 (résultats non connus à l'heure où nous écrivons).

L'éducation, premier rempart aux addictions

Que pouvez-vous faire si vous décelez un comportement à risque ou une addiction avérée chez votre ado ?

EXEMPLE

Le programme islandais

À la fin des années 1990, en Islande, les chiffres de la consommation de substances dangereuses pour les jeunes de 15 à 16 ans étaient alarmants : 40 % d'entre eux déclaraient avoir bu au cours du mois précédent, 25 % fumaient et 17 % consommaient du cannabis. Le gouvernement a alors lancé un programme comprenant quatre types d'actions :

- interdiction de la publicité pour les boissons alcoolisées ;
- interdiction pour les jeunes de moins de 16 ans d'être seuls dans la rue après une certaine heure ;
- sport et culture gratuits ou facilement accessibles :
- grande campagne de promotion et d'accompagnement à l'éducation positive avec des messages simples, y compris celui de passer du temps en famille à partager des activités.

Les comportements ont été progressivement modifiés jusqu'à atteindre les meilleurs chiffres européens : en 1998, encore 23 % des ados islandais fumaient tous les jours. En 2016, ils n'étaient plus que 3 %[1].

1. « Alcool et drogue chez les jeunes, la formule magique de l'Islande », source AFP, www.lepoint.fr, 31 mars 2017.

De mon point de vue, c'est bien l'addition des mesures classiques d'interdiction *et* des mesures d'accompagnement éducatif qui a du sens et qui produit ces bons résultats.

C'est pourquoi vous devez absolument aborder le sujet en profondeur avec votre enfant. Dire que ce n'est pas bien de fumer ou de boire est tout à fait insuffisant. Tout ce qui sera évasif, mou ou approximatif n'aura aucun effet. En même temps, vous le savez, toute interdiction complète et définitive ne fonctionne pas non plus. Le goût de la transgression a toutes les chances d'être plus fort. Alors, quelle attitude adopter en tant que parent pour retarder efficacement les premières consommations, éviter l'augmentation des quantités consommées et, plus encore, prévenir le passage à la consommation régulière qui signe l'addiction ?

Toute interdiction doit être explicite, formelle, précise, le plus souvent limitée dans le temps et/ou dans l'espace. Par exemple : « Il est interdit de fumer à la maison, y compris dans ta chambre. » Ou encore : « Nous ne voulons pas que tu fumes, tu es trop jeune », sans donner d'âge limite dans ce cas – ce serait une invitation à passer outre et à commencer plut tôt. Adaptez cependant vos consignes à l'âge de votre enfant ! Un jeune qui a confiance en ses parents, dont les liens sont de qualité, sera en mesure d'entendre ces recommandations fortes. Les enjeux sont multiples et à envisager dans la durée. Il faut l'aider à :

- évaluer sa consommation, les inconvénients et les bénéfices qu'il en retire ;
- avoir conscience que c'est le verre de trop ;
- savoir s'arrêter ;
- ne pas se laisser influencer par les autres.

OUTIL

Vous fumez encore ?

Si vous fumez encore, si vous ne vous sentez pas légitime pour interdire la cigarette à votre adolescent, admettez simplement devant lui que vous avez un problème de dépendance et que vous ne souhaitez pas qu'il en vienne là.

Ce peut-être l'occasion pour vous de faire le nécessaire pour arrêter. Vous pouvez parler de vos difficultés à y parvenir, de vos échecs, de l'oncle qui est décédé d'un cancer… Tout cela contribue à prendre conscience de votre rapport au tabac et aide votre jeune à se situer dans ce domaine.

Votre ado vous écoute et vous regarde, même s'il vous donne l'impression de s'en moquer éperdument. Nous passons peu de temps avec nos ados et l'adolescence passe vite. Il est donc important qu'il y ait une bonne ambiance autour de la table. Que la parole soit libre.

Soyez également conscient de la multiplication des sollicitations addictives. La publicité, les stratégies marketing et les lobbies disposent de moyens considérables pour séduire leurs cibles et favoriser la consommation. Il nous suffit de voir l'ampleur des événements sponsorisés par la boisson énergisante Red Bull par exemple pour bien prendre la mesure du fossé qui existe entre des campagnes de santé publique et les moyens déployés par les fabricants de produits addictifs. Je vous encourage d'autant plus à multiplier les occasions de dialogue sur le sujet avec votre ado. Plus vous parlerez de ces substances sans jamais en banaliser la consommation, mieux il comprendra ce qui se joue et sera capable de dire non par lui-même.

Trois semaines avant sa majorité, Yasmine s'est rendue avec des amies dans un bar au Québec. Alors qu'elle avait commandé un verre de jus de fruit, quelle fut sa surprise de se voir expulsée de l'établissement après un contrôle des âges ! Le simple fait de ne pas avoir 18 ans lui interdisait l'accès à l'établissement, peu importe ce qu'elle consommait. Une de ses camarades, majeure mais qui n'avait pas sa carte d'identité, fut, elle aussi, expulsée de l'établissement.

Cette politique de la tolérance zéro n'est pas appliquée en France. Raison de plus pour être attentifs et cohérents en famille.

OUTIL

Une vigilance commune

Pour finir, voici quelques pistes de ce que vous pouvez faire en famille, qui contribuera à sensibiliser votre ado à la vigilance :

- Savoir « faire la fête » à la maison sans pour autant qu'il y ait de l'alcool.
- Boire occasionnellement ensemble pour l'éducation au goût et au plaisir.
- Apprendre à boire un verre pour la convivialité.
- Donner l'exemple et laisser le volant à celui qui n'a pas bu.
- Être prêt à aller chercher son ado à 2 heures du matin sans protester (n'est-il pas largement préférable qu'il vous appelle plutôt qu'il prenne le volant ou qu'il se fasse raccompagner par un ami qui n'est pas non plus en état de conduire ?).
- Parler des excitants et autres substances addictives ; faire prendre conscience à votre ado de son triste état les lendemains de fête ; lui apprendre à connaître ses limites face à ces substances.
- Poser des questions sans tabou.

« Nous vivons sur des adaptations du passé et la vraie difficulté est de construire l'adaptation de demain. » Pascal Picq

3

QU'EST-CE QUE NOS ADOS NOUS DISENT ?

Quand nos ados se défendent

Un adolescent dont l'environnement est insuffisamment « nourrissant » ou sécurisant, ou qui se trouve face à des adultes qui cherchent à le dominer, développera un comportement de résistance. C'est une réaction saine, un mécanisme d'adaptation. Imaginez un enfant de 8 ans à qui on ne proposerait que des jeux et des activités destinés aux enfants de 4 ans : il vous ferait comprendre très vite son insatisfaction. Chez l'adolescent, le mécanisme est le même. Ses besoins sont plus variés, plus complexes et ses réactions le sont également. Toutes les attitudes défensives doivent vous alerter : elles sont révélatrices d'un dysfonctionnement (ce que nous verrons plus en détail progressivement). Dans un premier temps, il vous faut apprendre à les reconnaître.

Voici des attitudes propres à un comportement de résistance :
- résister, défier, être négatif ;
- se rebeller, désobéir, se montrer insubordonné, répondre avec insolence ;
- se venger, rendre les coups, contre-attaquer ;
- frapper, faire preuve d'agressivité, de combativité ;
- violer les règlements et les lois, vandaliser l'espace public ;
- piquer une colère, se fâcher ;
- mentir, tromper, tricher, cacher la vérité ;
- blâmer les autres ;
- commérer, rapporter ;
- régenter ou tyranniser les autres ;
- former des bandes, des alliances, s'organiser contre les adultes ;
- flatter, séduire, « lécher les bottes », chercher à gagner les faveurs d'autrui ;
- marchander, négocier ;
- rivaliser, avoir besoin de gagner, détester perdre ;
- se soucier de son image, rabaisser les autres.

Et voici d'autres attitudes défensives révélatrices d'un dysfonctionnement même si elles n'ont pas un caractère agressif :

- se replier sur soi, être dans la lune, rêvasser tout le temps ;
- renoncer, se sentir vaincu, fainéanter, bâcler ce que l'on a à faire ;
- fuir, se sauver, faire l'école buissonnière ;
- se taire, ignorer les autres, s'emmurer dans un silence réprobateur, mépriser les adultes, prendre ses distances ;
- pleurer, gémir, se sentir déprimé ou impuissant ;
- se montrer craintif, timide, gêné, craindre de parler ou d'essayer ce qui est nouveau ;
- avoir besoin de réconfort, rechercher constamment l'approbation des autres, souffrir d'insécurité ;
- se montrer exagérément soumis, obéissant, docile, devenir le chouchou du professeur ;
- trop manger ou suivre des régimes très sévères ;
- abuser de l'alcool, consommer de la drogue ;
- éviter toute contribution à la vie familiale.

Sans oublier les conséquences de ces comportements, en particulier les maladies psychosomatiques et les maladies psychologiques.

En réalité, suivant l'intensité, la durée, le niveau de transgression de tel ou tel comportement, vous n'aurez pas affaire au même profil d'adolescent. Je vous propose trois catégories très schématiques et non figées dans le temps (le même ado peut passer de l'une à l'autre) :

- **L'adolescent résigné, sage, discret, « bon élève ».** En apparence tout va bien. Interrogez-vous quand même pour vérifier que c'est réellement le cas : a-t-il confiance en lui ? A-t-il un élan de vie naturel ? Est-il armé pour entrer dans la vie d'adulte ? Saurait-il réagir face à une situation difficile comme le harcèlement, par exemple ?
- **L'adolescent en opposition aux parents**, qui est retombé dans la phase infantile du « non ». Il y a du relâchement dans ses études ; il expérimente son pouvoir sur les autres. Si cela dure quelques semaines ou quelques mois, on est plutôt dans une phase classique

d'évolution et d'émergence d'une nouvelle personnalité. C'est une période où les règles changent, où il faut que les parents et le jeune se réaccordent. Mais si la guerre de tranchées s'installe, attention !
- **L'adolescent qui a franchi les limites** : colère, violence, rejet de lui-même ou des autres ; fugue, addiction, sabotage scolaire, etc. Attention danger : réagir d'urgence !

Quand une de ces situations s'installe, le rôle des parents est donc de réagir. Vous devez changer quelque chose, sur le fond, sur la forme, dans la relation avec votre ado, dans votre comportement, dans vos choix, dans votre regard… Il n'existe aucune recette sauf celle-ci : si vous ne changez rien, n'attendez ni que votre ado change de lui-même ni que la situation s'améliore. Une des pistes que je considère comme la plus fructueuse est de lui proposer une nouvelle activité où il sera en position de « faire » et pas seulement d'attendre, d'écouter, d'observer, d'apprendre ou d'être spectateur.

Au début du chapitre, j'évoquais un « environnement insuffisamment nourrissant ou sécurisant ». Il est essentiel de préciser qu'il s'agit principalement de l'environnement émotionnel. Il ne s'agit pas de sécurité physique, d'un manque de ressources ou d'un manque de stimulation intellectuelle. Mais d'un environnement affectif, relationnel, où l'on communique, où l'adolescent à des points de référence, peut s'appuyer sur une autorité. Je vais aborder chacun de ces aspects. Car pour accompagner nos enfants dans le chaos émotionnel qu'ils traversent à l'adolescence, nous devons être solides et cohérents.

Voir l'intention derrière les actes

Les actes de vos adolescents, comme les vôtres d'ailleurs, partent tous d'une bonne intention, soyez-en persuadés. Vous ne vous engageriez pas dans un projet (qu'il s'agisse de réaliser un gâteau ou de repeindre une chambre) si vous pensiez mal faire ou ne pas pouvoir terminer. De même, aucun adolescent n'a l'intention de rater son contrôle ou son examen, ni envie que son stage de troisième ou sa mission d'apprenti se passe mal. Par exemple, quand votre ado se met à fumer, cela répond à des besoins : transgresser des limites, se sentir plus grand, être intégré dans un groupe, expérimenter des sensations nouvelles. Sans oublier qu'un besoin peut en cacher un autre, plus profond.

Comme on l'a vu, « flirter » avec les limites est un des besoins caractéristiques de l'adolescent. Il y a évidemment des façons plus ou moins justes ou raisonnables de répondre à ce besoin. Par exemple, il est a priori préférable de s'inscrire dans un club de sport, notamment de sport extrême, plutôt que de tenter l'expérience, seul dans son coin, de sauter en parachute depuis le dernier étage de la tour Eiffel. Ainsi, il vaut mieux que votre enfant fume dans les toilettes de son établissement scolaire plutôt qu'il prenne le volant complètement ivre. Votre rôle consiste plutôt à garder le contact, rappeler la loi, et vous mettre d'accord avec lui sur les limites à ne pas dépasser.

On pourrait prendre des exemples moins caricaturaux. Cependant toutes les limites s'apprécient en termes d'intensité, de fréquence et de quelques critères essentiels comme la loi et la sécurité.

Votre fille de 14 ans a été surprise en train de voler un vêtement dans un magasin. Votre premier réflexe devra être de lui rappeler la loi et de la mettre devant les conséquences de son geste (s'excuser, rembourser et peut-être avoir à répondre à une convocation des autorités judiciaires).

Elle pourra toujours répondre qu'elle n'avait pas assez d'argent de poche et qu'elle voulait choisir elle-même ses vêtements alors que, jusqu'ici, vous le faisiez pour elle. Elle exprimera donc un besoin d'autonomie. Vous aurez plusieurs solutions : lui laisser choisir une partie de ses vêtements, même si vous l'accompagnez et que vous payez, ou augmenter son argent de poche. Mais en continuant à discuter avec elle, vous découvrirez peut-être qu'elle fait partie d'un groupe d'amis dans lequel la façon de s'habiller a une grande importance et qu'elle a besoin de s'intégrer dans ce groupe. Ce besoin est légitime, malgré l'opinion que vous pouvez avoir de ce groupe.

Ce qui est sûr, c'est qu'il est important de saisir toutes les occasions pour aller le plus loin possible dans les échanges.

Une exception : si la transgression de limites révèle une tendance profonde de votre enfant à l'autosabotage, posez-vous d'autres questions ; il peut s'agir d'un appel à l'aide, d'une colère intense non exprimée, voire d'une pathologie.

REPÈRES

Les besoins de l'adolescent

- Besoin de confiance.
- Besoin de sécurité (physique et psychologique).
- Besoin de responsabilité.
- Besoin d'espoir.
- Besoin de dialogue.
- Besoin d'autonomie.

« Notre époque est une vraie fabrique d'adolescents. » Marcel Rufo

4

LES BESOINS ET LES ÉMOTIONS DES ADOLESCENTS

Besoin : premiers repères

Nous avons tous des envies et des désirs. Dans notre société actuelle, on satisfait bien souvent une envie par un acte d'achat. Or il convient de bien distinguer « envie » et « besoin ».

OUTIL

Distinguer « envie » et « besoin »

Vous avez envie d'un produit, de faire une activité ? Vous souhaitez vous assurer pour vous-même que cette envie correspond à un besoin réel et que la façon de la satisfaire est adaptée et proportionnée ? Alors voici une petite liste de questions à se poser avant de prendre une décision :

- « Est-ce que ça m'est utile ? »
- « Que se passerait-il si je ne passais pas à l'action ? »
- « Puis-je différer mon achat, l'acheter d'occasion ou me le faire prêter ? »
- « Est-ce écologique pour moi et pour les autres ? »
- « Est-ce que le temps, l'argent et l'énergie passés à utiliser ce produit ou à exercer cette activité sont prioritaires ? »
- « Est-ce que ce produit ou cette activité ne va pas m'éloigner d'objectifs plus essentiels, en particulier dans mes relations avec mes enfants et mes proches en général ? »

Par exemple, ai-je besoin de racheter un maillot de bain chaque année ? De changer de téléphone tous les deux ans ? De faire un aller-retour à Miami pour le pont du mois de mai parce que c'est « fun » ? Ai-je besoin d'avoir une voiture plus puissante ? D'un bouquet de chaînes de télévision supplémentaires ? Autant de plaisirs éphémères qui ont un coût pour notre budget et pour notre planète, et qui nous prennent du temps au détriment de relations de qualité. N'est-il pas temps d'éduquer nos jeunes à une écologie humaine, une sobriété heureuse ou une consommation responsable ?

Le dictionnaire Larousse définit le besoin comme une exigence née d'un sentiment de manque, de privation. Le mot vient du francique *bisunnia* qui signifie « soin ». Même si les besoins sont fondamentaux, leur expression peut varier en fonction des individus, des époques et des lieux. Les besoins se situent à la croisée du biologique et du culturel, du corps et de l'esprit. Ainsi, être aimé, écouté, reconnu, se sentir en sécurité, être libre, pouvoir s'affirmer et créer font partie des besoins psychologiques fondamentaux des êtres humains.

Offrons à nos ados un cadre, un environnement où leurs besoins profonds peuvent être satisfaits : environnement sécurisé, certes, mais aussi relations de qualité et occasions d'exprimer leur personnalité. Alors non seulement ils pourront tirer profit de toute expérience nouvelle, positive, mais en plus ils pourront effectuer leur transformation, devenir plus autonomes. Ils auront aussi bien moins de raisons de se comporter « comme des ados en crise ».

Le psychologue américain Abraham Maslow (1908-1970) a mis en évidence l'importance des besoins dans la motivation et la capacité de l'homme à se mettre en mouvement. Il a hiérarchisé les besoins qu'il représente par une pyramide. Pour lui, si le premier besoin n'est pas satisfait, l'individu ne peut aller vers le niveau supérieur.

REPÈRES

La pyramide des besoins de Maslow

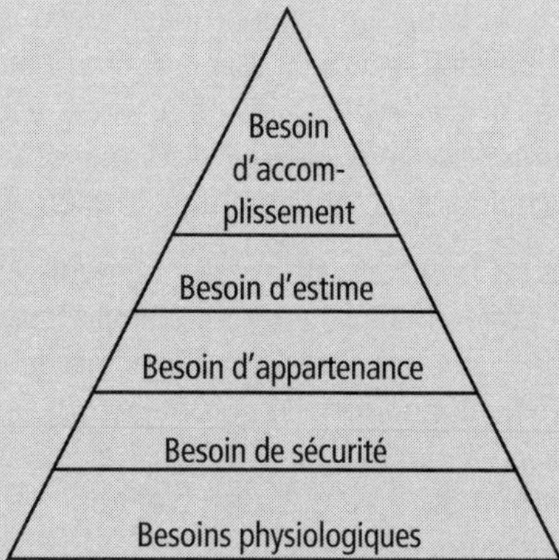

Les besoins physiologiques	Manger, boire, dormir
Le besoin de sécurité	Dormir sous un toit; être en confiance avec l'autre
Le besoin d'appartenance	À une famille, à un groupe
Le besoin d'estime	Il répond au besoin de communiquer, d'être connu, reconnu
Le besoin d'accomplissement	La réalisation de soi par l'engagement spirituel, caritatif, artistique; laisser une trace, avoir une mission

L'ado, comme l'adulte, cherche à répondre à ses besoins. Il cherche à éviter la douleur, l'inconfort. Il recherche la satisfaction. Mais l'adolescence est aussi une période pendant laquelle les besoins d'appartenance, d'estime et de réalisation sont plus grands. Cela peut même être une période où une soif d'absolu peut naître. Ponctuellement, l'ado peut se comporter comme s'il renversait la pyramide. Nous, parents, devons être capables d'accueillir ces besoins nouveaux.

Il y a un équilibre à trouver entre le « trop » et le « pas assez ».

> *Nous pouvons prendre l'image d'une plante dans son pot : trop d'eau peut faire mourir la plante; pas assez d'eau peut aussi la faire mourir. Pas assez ou trop de soleil peut également nuire à son développement et à sa croissance. Telle plante a besoin d'ombre et d'un peu d'eau; telle autre a besoin d'être en plein soleil.*

Il en va de même avec les ados. Ils n'ont pas tous les mêmes besoins. Les jeunes sont comme des plantes, tous différents.

Avec le développement de l'éducation bienveillante, les parents sont bien au fait des besoins de leur enfant ou de leur ado. Aujourd'hui, nous voulons tout leur donner. Nous voulons le meilleur pour eux, ce qui est légitime, mais nous voulons bien souvent rattraper ce que nous n'avons pas eu nous-mêmes. Cela devrait nous interpeller. Nous avons peur qu'ils n'aient pas tout ce qu'il faut pour réussir leur vie. Nous culpabilisons et croyons compenser notre absence auprès d'eux par des biens de consommation (souvent de mauvaise qualité).

Dans ce contexte, les technologies de l'information et de la communication (TIC) permettent une satisfaction des besoins souvent assez artificielle. Les réseaux sociaux et les *selfies* nourrissent le besoin d'estime de soi de façon très superficielle. Les besoins d'accomplissement nourris par le système de récompense des jeux vidéo sont eux aussi plutôt virtuels[1].

Heureusement, il existe aussi un engagement citoyen des jeunes adultes. Par exemple, les plateformes en ligne de bénévolat sont une belle preuve que les nouveaux outils peuvent être mis au service à la fois de la société et de l'engagement des individus. Mais attention,

1. Pour aller plus loin, voir le livre de Valérie Halfon, *Tout le monde en a un, sauf moi ! Libérer nos enfants de la surconsommation*, Albin Michel, 2019.

beaucoup de ces initiatives ne sont accessibles qu'à partir de 18 ans. Soyons attentifs à donner aux ados, dès 12-14 ans, des occasions de s'investir dans des actions concrètes, pour qu'ils puissent nourrir ce besoin d'être reconnu pour ce qu'ils font.

L'adolescence, c'est l'âge de l'apprentissage de l'autonomie. Il faut permettre à nos jeunes de trouver leurs propres compétences psychosociales, de les identifier et d'en acquérir d'autres. C'est le temps où vous proposez, mettez à disposition et attendez que votre enfant choisisse pour vivre sa propre expérience.

Il n'est pas toujours facile pour les parents d'être confiants. Acceptez que votre enfant fasse les choses différemment de vous où de la façon dont vous l'auriez fait. Soyez disponible, à l'écoute. Interrogez-le. Laissez-lui la possibilité de se chercher et de trouver ses propres réponses. Acceptez que ce soit une période inconfortable pour lui et du coup pour vous aussi. Ce sera plus difficile si vous êtes des parents protecteurs.

Sommes-nous inspirants pour nos enfants et nos ados ?[1]

Quand un parent se rend disponible, qu'il crée un moment d'échange de qualité avec l'ado, où les émotions sont vraiment présentes, il « nourrit » la chimie du cerveau de son ado bien plus que par toute autre activité. Cette vision scientifique apportée par les neurosciences conforte ce que le bon sens nous disait : nos enfants ont besoin d'une véritable relation avec nous, de faire avec nous, de dialoguer dans un cœur-à-cœur.

Deux économistes américains, dont le Prix Nobel Angus Deaton, tirent la sonnette d'alarme face à la hausse des « morts de désespoir » aux États-Unis. Suicides et overdoses progressent au point de faire régresser l'espérance de vie. Qu'attendons-nous pour prendre ces questions (harcèlement, comportements à risque, addictions, violences… et perte d'espérance) à bras-le-corps ? Nous devons proposer à nos ados un futur « inspirant ».

Je vous invite à explorer une piste générale, vague en apparence, mais en fait tellement essentielle : je vous propose de laisser aux jeunes un espace pour qu'ils puissent rêver. Loin des tendances de notre société qui n'offre pas d'autres perspectives aux jeunes que d'être des « unités de consommation », qui propose à tous des voies uniformes et politiquement correctes, nous devons ouvrir d'autres pistes, inventer d'autres façons de faire. Les nouvelles idées germent bien souvent au cours de l'adolescence, lors de périodes de désœuvrement, où l'ennui et le rêve prennent le pas sur le travail et l'utilitaire. C'est au cours de ces moments, vides en apparence, que peuvent émerger des personnalités fortes, solides, autonomes, créatrices.

1. Nom de l'intervention faite par Thomas d'Ansembourg dans le cycle de webconférences « Art de vivre en famille », organisé par l'association Oze en 2015.

« Laisser de la place au rêve » suppose d'avoir une vie intérieure qui sera nourrie préalablement par des activités autres que celles pratiquées habituellement, comme la lecture, du temps passé dans la nature, la marche, une activité manuelle… Mais ces activités ne suffisent pas. À un moment donné, il faut un lieu et un temps sans objectif, sans utilité, sans attente. Ce temps et cette disponibilité d'esprit permettent d'accueillir l'inattendu, l'inapproprié, le désordre, le chaos. Ce temps doit être suffisant pour écouter le silence et intérioriser.

Nous l'avons vu, parmi les entraves à ces temps « inutiles », il y a les réseaux sociaux, qui sont une sorte de « prêt à penser ». Très vite, dès qu'un jeune s'inscrit sur un réseau social, un moteur analyse son « profil » pour lui faire des suggestions « adaptées », entendez par là que, très vite, il ne lui sera proposé que des contenus qui convergent avec ses idées, et qui plus est uniformes. Faites l'expérience en famille, chacun de votre côté ou ensemble, de créer un profil fantôme en vous abonnant à des pages radicalement différentes de celles auxquelles vous vous intéressez d'habitude. Vous découvrirez rapidement que le réseau vous proposera des « amis », des produits et des contenus qui vous projetteront dans un monde bien circonscrit, pour ne plus en sortir. Donc, malgré l'ouverture potentielle que représentent les réseaux sociaux, ces outils enferment très rapidement leurs utilisateurs.

Sachez aussi qu'un grand nombre d'ados ne lisent plus, même ce qu'ils trouvent sur Internet. Ils se contentent de regarder les images : photos, vidéos… Le streaming et les microvidéos deviennent leur principale source d'information. Les formats raccourcissent encore et toujours. La capacité à appréhender une pensée complexe, à développer un argumentaire ou une critique élaborés devient, pour certains, hors de portée. L'école contribue à lutter contre cette dérive. Les parents et la famille peuvent y contribuer activement et de façon complémentaire. Il ne s'agit pas d'aller sur le terrain de l'école : en famille, on s'intéressera davantage à la vie de son quartier ou de sa ville, à l'actualité, aux actions locales par exemple. Ou on échangera sur les fameuses *fake news*, ces informations qui peuvent enflammer la toile et se révéler parfaitement fausses après une simple vérification. Ce sera une sensibilisation pratique et utile pour garder la distance nécessaire face au bruit médiatique.

Ajoutons ce qui peut paraître une évidence : l'esprit critique ne doit pas être confondu avec la critique. L'esprit critique, c'est la capacité à prendre de la distance ou du recul, à analyser les pour et les contre, à se faire son opinion par soi-même. L'esprit critique peut mener à des critiques, mais il ne se résume jamais à cela. La critique systématique revient à un rejet motivé par ce que je n'aime pas, ce qui me fait peur, ce que je ne comprends pas, ce qui me semble inaccessible, difficile, ce qui me demande des efforts… On est donc très loin de l'esprit critique qui structure la pensée, argumente, équilibre. L'esprit critique prend toujours un grand soin à accueillir la pensée de l'autre.

Parmi les écueils à éviter en tant que parents, ne portez pas de jugement trop rapide sur les idées que votre ado commence à émettre, notamment en ce qui concerne son futur métier. Commencez plutôt par l'écouter sans faire de commentaires. Le meilleur moyen d'influencer ses opinions, c'est de toujours vous intéresser à sa première idée, même si elle vous semble incongrue. Depuis le petit garçon qui veut être pompier jusqu'à l'ado qui rêve de créer des jeux vidéo, votre première réflexion ne doit jamais tomber comme un couperet : « Mais ce n'est pas pour toi ! », « Mais tu n'as pas le niveau en français/maths… ! », « Mais c'est mal payé ! », « Mais ce n'est pas un métier pour les filles/les garçons ! ». Si vous voulez qu'il alimente son usine à rêves, alimentez-la vous aussi : « Qu'est-ce qui te plaît dans ce projet ? », « Est-ce que ça te dirait de rencontrer quelqu'un qui fait ce métier ? », « Comment te vois-tu dans ce métier, dans ce domaine ? ». Et si la réponse ne vous convient vraiment pas, n'oubliez pas qu'entre une première ambition exprimée en classe de troisième, le début des études spécialisées, et enfin l'entrée dans le monde professionnel, de l'eau sera passée sous les ponts et les occasions d'évoluer aussi ! Laissez donc faire le temps. Commencez par accueillir le bouillonnement d'idées et l'enthousiasme.

Votre seule préoccupation doit être la motivation de votre ado, principal et presque unique levier des apprentissages.

Il sera toujours temps d'aborder et de creuser les questions plus rationnelles :

- « Sais-tu combien de jeunes souhaitent aller dans cette voie et combien de places il y a ? »
- « As-tu pensé à te renseigner sur les débouchés, les formations, les rémunérations, les qualités qu'il faut avoir ? »
- « De quoi as-tu besoin pour mieux connaître ce métier ? »
- « Est-ce que tu connais les étapes qui conduisent à ce rêve ? »
- « Je pense que ton choix est difficile… et courageux en même temps. Comment puis-je t'aider sur ce chemin ? »

Ces questions ne sont pas une priorité, d'autant qu'elles peuvent, malgré leur apparence anodine, fermer tout échange.

Retenez que le premier désir des enfants et des jeunes concernant leur avenir, c'est très probablement de trouver leur juste place. Étant donné la diversité des métiers, la première formulation de ce désir risque d'être maladroite, décalée, et demandera à être précisée. Accueillir favorablement cette première expression et les suivantes donnera à l'ado un peu plus de chances de trouver la voie qui lui correspond vraiment.

> *Si votre fils qui vient d'avoir son bac avec deux ans d'avance vous annonce qu'il souhaite s'inscrire en CAP, vous pouvez être tenté de réagir trop rapidement, voire brutalement. Si vous dites non immédiatement, vous risquez fort de bloquer le dialogue. À l'inverse, si vous vous ouvrez sur le sujet, il vous confiera peut-être que l'idée de faire de l'ébénisterie lui est venue lors d'une brève rencontre, lorsque vous l'avez emmené chercher une armoire qui venait d'être réparée. Il vous expliquera que, ce jour-là, il a vu un artisan indépendant travailler seul dans son atelier, loin de l'univers urbain. Et que c'est ça qui l'attire, au moins autant que*

l'odeur du bois ! Avec ces nouveaux éléments, qui resteraient enfouis au fond de lui si vous ne lui posiez pas des questions ouvertes, vous pourrez peut-être l'aider à faire évoluer son projet vers d'autres métiers que l'on peut aussi exercer loin des villes ou avec une certaine indépendance. Cela ne vaut-il pas mieux que de le voir s'engouffrer dans une voie prétracée pour décrocher un diplôme bac + 5… et finalement bifurquer, juste avant d'entrer dans la vie active, vers « le métier qu'il a toujours eu envie de faire » ?

Autre piste qui aide les jeunes à rêver et les motive tout particulièrement : l'année de césure et/ou le voyage. Le voyage est bien souvent particulièrement fécond et a une valeur initiatique. À tout moment au cours de leurs études, de plus en plus de jeunes partent vivre « ailleurs ». Cela peut durer trois semaines comme un an. Et les conduire aussi bien en Belgique qu'en Nouvelle-Zélande. Peu importe. L'essentiel est que chaque projet soit cohérent et bien préparé, et corresponde à celui ou celle qui le porte. Si votre ado en manifeste l'envie, je vous encourage à le soutenir, tout en restant à votre place pour lui laisser la liberté d'en faire « son projet ». Et laissez-lui absolument toute latitude pour qu'il s'organise par lui-même. Mettez de nombreuses ressources à disposition mais laissez-le choisir. Ce sera la meilleure façon que cela devienne son projet, sa vie. Et s'il rencontre une difficulté, il devra vous demander de l'aide. Ce sera un apprentissage en soi : connaître ses limites et savoir demander de l'aide au bon moment est une vraie compétence.

Si vous adhérez au projet en lui-même, oubliez presque toutes vos craintes. Partir avant le bac, partir très jeune, partir seul… Ne rejetez aucune de ces formules « par principe ». Cette « mise en mouvement » permet non seulement aux jeunes de se changer les idées mais leur ouvre de nombreuses opportunités de révéler leur potentiel : apprentissage d'une langue, stage de solidarité internationale, service civique, découverte d'un autre système scolaire ou universitaire, d'une autre culture, expérience de l'autonomie et prise de responsabilités, prise de recul face aux difficultés quotidiennes, travail en équipe, protection de la nature… La liste est longue et vous ne savez pas à l'avance ce qu'il découvrira.

Si vous voulez le meilleur pour votre enfant et si vous souhaitez cultiver une relation de qualité avec lui, laissez-le partir. Il reviendra grandi et plus conscient de ce que sa famille lui a déjà apporté. Je rencontre régulièrement des parents qui refusent que leur enfant intègre une école pourtant réputée uniquement parce qu'elle est trop loin de chez eux. Je ne parle pas des objections rationnelles comme le coût de la scolarité, par exemple. Je parle bien du refus que l'enfant s'éloigne… parce que, en réalité, ces parents ont peur de se retrouver seuls un peu plus tôt que prévu.

La source d'inspiration et de rêve la plus importante pour les jeunes demeure sans doute l'exemple que vous leur donnez. N'oubliez pas qu'ils vous écoutent et vous observent, même quand vous ne vous adressez pas à eux. Quand vous évoquez votre métier, pensez à parler de ce qui va bien, de ce pourquoi vous l'avez choisi ou au moins ce qui vous a décidé. Même chose pour votre vie en général : quand vous faites un choix qui a du sens, expliquez pourquoi vous le faites. Si vous achetez bio, si vous versez de l'argent à une association, si vous êtes attentif à votre voisin, si vous vous passionnez pour une science ou un fait de société, parlez-en. Révélez à votre jeune la meilleure part de vous-même, cela lui ouvre des perspectives. Et il n'est jamais trop tard pour le faire. Un jeune a besoin de modèles. Vous êtes naturellement son premier modèle.

REPÈRES

Les jeunes mettent en pratique ce qu'ils vivent

- Si un enfant vit au milieu des critiques, il apprend à condamner.
- S'il vit dans l'hostilité, il apprend à combattre.
- S'il vit dans le ridicule, il apprend à être timide.
- S'il vit dans la honte, il apprend à se sentir coupable.
- S'il vit au milieu des encouragements, il apprend à avoir confiance.
- S'il vit au milieu des éloges, il apprend la reconnaissance.
- S'il vit dans l'impartialité, il apprend la justice.
- S'il vit dans la sécurité, il apprend à avoir confiance en lui et en ce qui l'entoure.
- S'il vit dans l'approbation, il apprend à être content de lui.
- S'il vit dans l'acceptation et l'amitié, il apprend que le monde est un bel endroit pour vivre.

Dorothy Law Nolte[1]

1. Dorothy Law Nolte, citée par Éric de la Para Paz dans *La PNL avec les enfants. Comment leur créer un avenir magnifique*, Macro Éditions, 2011.

Développer l'intelligence émotionnelle

On écrit beaucoup, aujourd'hui, sur les émotions. Qu'elles soient agréables ou non, leur fonction est de transmettre un message. L'adolescence est une période où les jeunes sont particulièrement émotifs : les modifications hormonales et neurologiques rendent les émotions plus vives, voire tumultueuses. Rires, pleurs, peurs, cris sortent plus facilement.

Cette période de transformation du psychisme et du corps voit parfois naître des émotions nouvelles : la honte, le doute, la toute-puissance, la rage, l'exaltation. Votre ado peut avoir peur de ce qui lui arrive. Certains seront dans le déni de leurs émotions et se construiront une « armure » pour se protéger. D'autres seront longtemps gênés par leur hypersensibilité. Le mécanisme se met en place dans la petite enfance. À l'adolescence, il y a une sorte de deuxième chance de réajuster ce mécanisme, de façon plus consciente. C'est donc une occasion de rééquilibrage très intéressante, même si elle suppose un investissement et du temps.

Pour la plupart des adolescents, cette période où ils sont « à fleur de peau » est propice pour apprendre à identifier les émotions qui les habitent. Et c'est ainsi que vous, parent, devez considérer la manifestation des émotions chez votre adolescent : une occasion favorable pour mieux se connaître. Quand votre ado apprend à reconnaître ses émotions, il apprend à se connaître, et par là même à gérer son stress, son agressivité, ses difficultés à aller vers les autres. Cet apprentissage est une excellente base pour développer les intelligences intra- et interpersonnelles (voir p. 57). Tout ce travail nourrit la confiance en soi, la capacité à agir par lui-même de votre ado. Et cela le rend d'autant plus disponible aux apprentissages scolaires.

En revanche, votre ado ne sait pas faire face à vos propres colères ou à vos émotions violentes. Une émotion, ça éclabousse : plus elle est violente et/ou négative, plus elle impactera votre ado. Il vous est peut-être arrivé d'être très irrité contre lui car lui-même l'était. Dans ces cas-là, vous vous laissez aller à critiquer son autre parent, ses amis, sa tenue… Il n'est pas question de vous demander de ne pas avoir d'émotions. C'est impossible. Mais comme elles sont contagieuses, il s'agit que ça déborde le moins possible sur votre ado. Il est encore plus réceptif que vous ; vous lui devez au moins une chose : être en mesure de limiter les effets de vos émotions. Dans l'idéal, la clé est de travailler sur vos propres émotions pour accompagner votre ado dans ses propres émotions. Oui, il n'est pas toujours facile pour vous d'accepter ses sautes d'humeur. C'est pourquoi il est important que vous développiez votre intelligence émotionnelle tout en lui donnant les outils pour apprendre à gérer ses émotions à lui.

Aider son ado à maîtriser ses émotions, ce n'est certainement pas lui asséner : « Ce n'est rien, ça va passer ! », « Arrête un peu de te plaindre ! », « Sois un homme, mon fils ! », « Ça n'en vaut pas la peine, allez, arrête de pleurer, avance… », « Il est temps que tu apprennes que la vie est dure ! », « Tu n'as aucune raison de te mettre dans un tel état », etc. Cette attitude, compréhensible, se limite surtout à vous protéger de vos propres émotions.

À la place, je vous propose d'autres façons de faire. Elles sont toutes cumulables. Plus vous les pratiquerez, plus ce sera facile, pour votre ado comme pour vous.

OUTIL

Aider son adolescent à accueillir ses émotions

- Soyez attentif à ce qui se passe dans son corps (tremblements de la voix, mains moites, poings serrés...).
- Identifiez les petites phrases qu'il rumine sans cesse.
- Apprenez à reconnaître le besoin qui se cache derrière toute émotion et donnez-lui les moyens de nourrir ce besoin.
- Ne niez pas.
- Ne jugez pas.
- Ne généralisez pas.
- Évitez d'entrer dans des explications logiques ou philosophiques. La logique ne touche pas les émotions, et les grandes phrases philosophiques ou les grands principes sont vite perçus comme des leçons de morale ou des conseils de « celui qui sait ».
- Soyez à son écoute et reformulez ses propos.
- Décrivez ses émotions.
- Aidez-le à les reconnaître et à mettre des mots sur ce qu'il ressent.
- Encouragez l'adolescent qui a du mal à s'exprimer, le plus efficace étant de parler de vos propres émotions.
- Reconnaissez que ce n'est pas facile de s'exprimer par un geste ou une onomatopée : « oh », « hmmm », « je vois »...
- Donnez-lui un carnet intime, une guitare ou tout autre moyen d'expression qui lui permettra de se parler à lui-même... Et si nécessaire, passez par un adulte en qui il a confiance (un oncle, une marraine...) pour lui remettre l'objet.
- Proposez-lui des ateliers de théâtre ou d'autres expressions artistiques.
- Proposez-lui des activités sportives en étant vigilant, autant que possible, à ce que le club ou l'entraîneur soit sensible à la dimension humaine de la discipline (dépassement des difficultés, relations aux autres, dépassement de soi...), plus qu'à la compétition à tout prix.
- Invitez-le à découvrir la puissance de la respiration.

- Faites-lui découvrir l'automassage.
- Suggérez-lui de se créer des *playlists* musicales variées, correspondant à ses différentes humeurs : une pour accompagner ses moments de joie, une pour la tristesse, une pour la colère…
- Proposez-lui de s'investir dans un groupe ou une association au service des autres ou de la nature.
- Rappelez-lui que le monde a besoin de ses talents… et même de sa colère ou de sa déception[1].

1. Lire à ce propos l'ouvrage de Stéphane Hessel, *Indignez-vous !*, Indigène Éditions, 2010.

L'enjeu pour votre ado est de mieux appréhender son monde intérieur, mieux comprendre quels sont ses pensées limitantes, ses croyances[1], son état émotionnel. Car c'est en sortant de sa zone de confort qu'il pourra éprouver la satisfaction d'avoir remporté une bataille par ses propres moyens. Il est toujours très profitable de lui donner l'opportunité de résoudre un problème par lui-même. Bien sûr, vous devez être là en renfort, et s'il a besoin de réconfort, mais certainement pas pour faire les choses à sa place. C'est le chemin vers l'autonomie.

Si vous êtes suspendu aux émotions de votre ado, prêt à intervenir au moindre de ses ressentis, vous risquez de le priver de cet apprentissage nécessaire. Il pourra ressentir votre attitude comme une intrusion, une agression, une forme de harcèlement. Vous devez vous imposer de lui laisser plus d'autonomie. À l'inverse, si vous êtes souvent indifférent à ce qu'il vit, c'est en étant attentif à vos propres émotions que vous pourrez vous rapprocher de lui.

Dans les deux cas, ce n'est pas facile. Je vous donne juste des clés pour tisser des relations moins tumultueuses, plus riches et plus fécondes.

1. Les croyances sont des assertions, et à ce titre tenues pour vraies, qui nous ont été transmises comme du « prêt-à-penser » par la société ou par notre famille. Elles peuvent être des ressources, ou être limitantes, c'est-à-dire nous freiner inconsciemment.

En tant que parent, il vous faut travailler sur vos propres émotions pour intervenir avec justesse.

Quand Isabelle a commencé à prendre conscience de ses émotions, elle n'hésitait plus à s'excuser auprès de son fils quand il lui faisait remarquer qu'elle réagissait trop fort face à lui. Elle reconnaissait qu'il avait raison et lui expliquait simplement qu'elle travaillait à mieux maîtriser ses émotions.

Reconnaître que vous avez surréagi, que vous avez pu vous laisser déborder par vos propres émotions, est souvent une bonne façon d'entamer un dialogue. Vous envoyez deux messages : d'une part, vous rassurez votre enfant en lui expliquant que vous êtes responsable des émotions négatives qu'il a ressenties (vous étiez en colère) ; et d'autre part vous lui montrez que reconnaître ses émotions et ce qu'elles provoquent c'est déjà les accueillir et y faire face. Un jeune enfant se contentera du premier message : « Maman était en colère, elle s'en est excusée ; je n'ai plus de raison d'avoir peur ou d'être honteux. » L'adolescent va enregistrer le deuxième message : « Si elle a pu démêler ses émotions, je dois pouvoir y parvenir aussi. » Dans les petits conflits de la vie quotidienne, n'entrez pas dans de grandes explications, mais osez parler de vos émotions simplement, même maladroitement. Vous en verrez progressivement les résultats.

À la façon dont ses enfants ouvraient la porte de la maison et montaient les escaliers, Angèle savait dans quel état émotionnel ils se trouvaient. Il lui a fallu faire de très grands efforts pour ne pas intervenir systématiquement, surtout quand elle sentait chez eux une difficulté, un malaise, de la colère, de la tristesse.

Je vous invite à rechercher en permanence l'équilibre :

- sachez trouver le bon moment pour parler ;
- acceptez que votre adolescent reste fermé ce jour-là ;
- si vous lui posez une question, admettez de ne recevoir la réponse qu'un mois plus tard ;
- ne vous découragez pas si vous avez l'impression de parler à un mur…

Vous plantez des graines qui germeront en leur temps. On dit parfois que ce n'est pas en tirant sur une plante qu'on la fera pousser plus vite !

RESSOURCE

Les jeux du bonheur[1]

Cette boîte de jeux est un bon support pour parler des émotions de façon ludique. Certes, les jeux sont conçus pour des enfants plus jeunes. Mais le matériel peut être réinvesti pour un échange libre avec votre ado.

1. Nathalie de Boisgrollier, *Les Jeux du bonheur. Quatre jeux pour comprendre ses émotions et apprendre à être heureux*, Hatier, 2019.

Attention ! Un adolescent ne supporte pas de se voir attribuer des émotions ou des sentiments qui ne sont pas les siens. Ne lui dites jamais : « Tu es en colère/triste/découragé... Tu as fait ça parce que tu es triste/jaloux/énervé... » Parlez plutôt de vous, comme nous venons de le voir plus haut, ou posez-lui des questions ouvertes telles que :

- « Peux-tu me dire ce qui te tracasse, ce qui te met dans cet état ? »
- « T'es-tu disputé avec un ami ? »
- « As-tu obtenu une mauvaise note ? »,
- « Es-tu déçu de ne pas aller chez ton père ? »

Tant pis s'il vous répond : « Je ne sais pas. » Souvent, il sera bon de respecter son silence. Laissez du temps au temps. Il n'est pas judicieux de poser des questions sous le coup de l'émotion. (Nous y reviendrons dans le chapitre sur la communication.)

La nécessité de la joie

La joie est spontanée chez l'enfant, dès sa naissance. Regardez comme il exprime son contentement par le mouvement, sa créativité, sa curiosité, son envie d'interagir avec l'autre.

Mais la joie se cultive aussi. Nombreux sont les philosophes qui ont traité de la joie : Épicure, Spinoza, Bergson ou, plus proche de nous, Philippe Gabilliet[1]. Tous nous invitent à savourer pleinement les plaisirs de l'instant, à accepter la vie telle qu'elle est. Ils insistent sur l'importance de la simplicité : comment ne pas y voir que nos modes de vie hyperconnectés, notre société hypercomplexe nous privent de goûter à la vraie joie ? La course au « toujours plus » répond d'ailleurs très souvent à une carence affective. Elle risque de nous faire perdre le sens de nos vies ou toute spiritualité[2].

La joie se nourrit :
- de création ;
- de gratitude ;
- de persévérance ;
- de curiosité ;
- de lâcher-prise ;
- d'adaptabilité ;
- d'attention, de présence à ce que l'on vit ;
- d'allégement de notre vie (dans nos agendas, placards, relations...) ;
- de nature ;
- de silence ;
- de mouvement ;
- d'échanges de personne à personne.

Alors apprenons à nos jeunes à être heureux et réapprenons-le avec eux. Les optimistes, nous dit le psychiatre et psychanalyste Alain Braconnier[3], pensent pouvoir agir efficacement sur leur environnement. Ils sont capables de poser des actes pour arriver à leurs fins et de réajuster leur façon de faire si besoin. Ils sont conscients qu'ils peuvent agir.

1. Philippe Gabilliet, *L'Art de changer de vie en cinq leçons*, Saint-Simon, 2018.
2. Lire à ce propos le résumé que fait Yuval Noah Harari sur l'augmentation du taux de suicide entre les sociétés traditionnelles ou même des dictatures du XXe siècle, et nos sociétés nanties (dans son ouvrage *Homo deus*, Albin Michel, 2017, p. 44-45).
3. Alain Braconnier, *Optimiste*, Odile Jacob, 2013.

Ce sentiment d'efficacité se construit sur des réussites antérieures qui donnent confiance en soi et qui rendent heureux.

Pour être heureux, il est par ailleurs essentiel d'apprendre à accepter ses frustrations et ses souffrances. Cela demande d'abord de changer son regard sur les choses, d'accueillir l'obstacle comme faisant partie de la vie, d'être fier de l'avoir surmonté, de savoir demander de l'aide et de s'autoriser à le faire.

Pour que nos enfants soient heureux, il ne faut rien taire non plus des blessures familiales. Il faut leur parler, leur expliquer que chacun porte des blessures qui lui sont propres, que ces blessures font partie de tout chemin de vie et qu'en les surmontant on peut passer de l'ombre à la lumière. Les blessures sont trop souvent vécues comme taboues, honteuses. Seule une attitude ouverte et franche vis-à-vis de l'histoire familiale permet aux enfants d'accéder à la joie.

Parler de l'alcoolisme de votre père et par là de l'histoire de votre grand-père, ou du décès de votre petite sœur étant enfant… c'est leur faire comprendre que cela fait partie de la vie.

Je vous invite à évoquer votre histoire familiale de façon apaisée, avec des mots simples. Si c'est encore un peu compliqué pour vous, contentez-vous d'en dire peu. Plus vous serez à l'aise, plus vous pourrez en dire, car mieux vous saurez la transmettre avec la distance nécessaire. Et, mieux, vous permettrez à vos enfants de vivre avec cette histoire de façon sereine.

Je n'oublie pas non plus qu'il y a de belles histoires, fortes, positives, dont on peut être fier. N'hésitez pas à les raconter, tout en prenant là encore quelques précautions : il ne faut pas que pour votre ado ce soit lourd à porter.

C'est particulièrement vrai de la réussite professionnelle et financière d'un aïeul « parti de rien ». Bien souvent, ses descendants ne partent pas de rien. Ne le reprochez pas à votre ado. Il a reçu plus que d'autres au départ ? Apprenez-lui à être fier de cette histoire… et faites tout votre possible pour qu'il écrive sa propre histoire, qui sera différente. Invitez-le à trouver sa voie, correspondant à ses talents.

Dans tous les cas, ne rien dire, c'est laisser la place à l'obsession du paraître, du faire-semblant : être fort, serrer les dents, se cacher comme si on était seul à vivre des difficultés. Or le tabou rend la résilience encore plus difficile. Savoir accepter sa faiblesse, ses limites, est essentiel pour poser les actes qui permettront de rebondir et de se rouvrir à la vie.

Pensez au pouvoir de libération du phénomène #MeToo. De nombreuses femmes ont pu enfin parler d'une blessure qu'elles portaient souvent seules depuis des années. Cette parole libérée est d'abord libératrice pour chacune d'entre elles. Le *hashtag* en anglais en rend très bien compte : « Moi aussi. » « Moi aussi j'ai vécu ça. Je peux le dire au monde parce que le phénomène sur les réseaux sociaux permet que ma blessure de harcèlement sexuel soit reconnue. Et cela me fait du bien. Je vais pouvoir reprendre le cours de ma vie avec un poids en moins ». Dans l'idéal, il faudrait que ce phénomène social mondial advienne pour chacune des blessures que la société essaie de cacher.

Partager l'histoire familiale, c'est éviter les secrets de famille. Ces non-dits génèrent parfois ce que les psychologues appellent les loyautés familiales : des comportements qui se transmettent d'une génération à l'autre, consciemment ou inconsciemment. L'adolescence de votre enfant est une période favorable pour rompre avec les loyautés familiales, surtout quand elles sont lourdes à porter.

Je tiens à prolonger cette idée de libération de la parole par un autre exemple. Puisque je parle d'histoire enfouie, il se peut qu'un comportement de votre ado mette à vif des blessures que vous pensiez cicatrisées. Comprenez d'abord que sa conduite est presque toujours inconsciente. Ce n'est pas « contre vous » qu'il agit. En outre, votre ado ne se résume pas à son comportement. Ce doit être l'occasion, pour lui comme pour vous, d'apprendre, de comprendre vos comportements respectifs. Ce n'est pas parce que c'est arrivé, à moi, que je n'ai pas su faire, que je n'ai pas eu de chance… que cela va arriver à mon ado. L'adolescence est l'âge de tous les possibles : rien n'est fixé une fois pour toutes ; c'est encore plus vrai à l'adolescence.

- *Je vous ai parlé de Suzanne et de son voyage après son bac. Elle a travaillé pendant plusieurs mois pour financer son voyage. Elle a exploré les possibilités qu'offre le billet de train européen Interrail, elle a prévu de fréquenter les auberges de jeunesse, envisagé le camping sauvage, l'accueil gratuit chez l'habitant… Avant même de partir, construire son projet l'a fait grandir. La phase de rêve, d'imagination et d'organisation du voyage a été source de joie, tout autant que le voyage lui-même.*
- *Yasmine, elle, a préféré partir en tant que jeune fille au pair pendant son année de terminale. Elle avait besoin de faire une pause. Elle savait qu'elle prenait un risque pour son baccalauréat. Elle a su écouter ses besoins. Ses parents lui ont fait confiance. Elle s'est libérée de ses peurs. Et c'est parce qu'elle a fait un choix en pleine conscience qu'elle a dégagé une énergie positive et que, de retour en France, elle a aussi réussi son bac. Ce succès lui a procuré de la joie et permis d'éprouver ce qu'est la confiance en soi.*

Et n'oubliez pas : la joie est bien plus souvent sur le chemin qu'à l'arrivée. Résoudre une difficulté, un conflit, peut déjà être une source de joie. Progresser est une des plus belles sources de joie. Et progresser à plusieurs, côte à côte, parent et enfant en parallèle, décuple cette joie. Non seulement la joie fait du bien, mais elle est aussi la meilleure force de transformation du monde. C'est un moteur de créativité, de résolution de problèmes.

Et quand on bride l'envie et la joie ?

Il y a vingt-cinq ans, Geneviève, 17 ans, partait pour un voyage en solitaire, sans lien direct, en apparence, avec ses études. Pierre, son père, est allé la chercher quelques jours à peine après son départ. Pour

> *lui, il était insupportable de voir sa fille «perdre son temps», «prendre des risques», «ne pas étudier sérieusement», et «s'égarer». Il a fait usage de son autorité, comme il avait appris qu'un père doit le faire et demandé à Geneviève de rentrer à la maison. Elle est donc retournée dans le giron familial et a suivi des études classiques pour lesquelles elle n'avait aucun intérêt.*

Vingt-cinq ans plus tard, elle le déplore toujours. Elle a connu plusieurs périodes de dépression qu'elle relie invariablement à cet épisode. Elle n'a pas pu « s'éveiller à elle-même ». Elle a obéi à une injonction paternelle à une période où tout son être aspirait à explorer de nouveaux horizons pour mieux se trouver.

Alors oui, vous avez le droit d'avoir des craintes, de trembler. Vers la fin de l'adolescence, vous pouvez vous autoriser à dire à votre ado : « Tes choix ne me rassurent pas. » Mais lui interdire, d'une façon ou d'une autre, de chercher sa voie est d'une grande violence, presque une castration de la personnalité. Certains se conformeront aux souhaits de leurs parents… et seront marqués profondément jusqu'à *être qualifiés* de « conformistes ». D'autres en souffriront beaucoup plus et exprimeront cette souffrance indicible « de toutes les manières que le corps et l'esprit sont capables d'inventer ». D'autres encore se révolteront, parfois de façon violente, à 15 ans, à 20 ans, ou bien plus tard. Mais la cause en sera à chaque fois la décision parentale. Aucun parent ne peut prétendre être un parent parfait, mais à partir du moment où il connaît ce mécanisme psychologique vital, il commet une erreur s'il prend des décisions qui risquent de provoquer ce que j'appelle une limitation de la personnalité.

REPÈRE

Fais comme moi !

Dans la crise d'opposition se joue pour l'adolescent le besoin de devenir autonome, d'affirmer sa différence, de prendre de la distance pour être lui-même. S'il fait ce que son père ou sa mère lui demande, il est dépendant. Dans ce contexte, comment construire son identité ?

Quand Xavier dit à son fils : « Fais d'abord comme moi, tu auras toujours du travail et un bon salaire en tant qu'expert comptable », c'est une forme de violence, c'est exercer une contrainte !

De façon plus ou moins exacerbée, l'adolescence est cette période pendant laquelle on a besoin de construire son identité. Et pour cela, on doit prendre de la distance, couper certains liens, emprunter une autre voie, adhérer à d'autres valeurs. Être « comme nous » est la pire des perspectives à proposer à son enfant.

Quand nos ados changent, nous changeons avec eux. Accueillir le changement, c'est accueillir la vie dans son abondance, sa générosité. Votre enfant vous permet de grandir aussi : quel beau cadeau ! Il vous permet de « rester jeune », de vous habiller différemment, de découvrir d'autres musiques. Dans une certaine mesure, vous êtes dans une coéducation. Vous vous émerveillerez chaque jour de voir à quel point vos enfants vous éduquent.

EXERCICE

Bucket list : 12 choses que tu veux réaliser avant tes 20 ans

Proposez à votre ado de rédiger pour lui-même une liste des choses qu'il veut réaliser avant tel ou tel âge. Cela lui permettra de se projeter dans le futur, de le rêver. Le fait de se retrouver face à lui-même l'incitera à se mettre en mouvement en douceur, sans qu'il ne s'en rende compte ; ce sera des challenges qu'il se fixera lui-même, qui ne viendront pas de l'extérieur. Il pourra se permettre d'abandonner certains de ces défis sans qu'il y ait des conséquences. Mais il y a toutes les chances qu'il en réalise au moins un et qu'il en retire une certaine fierté.

JEU

Portrait de mon héros

Demandez à votre ado de désigner une ou deux personnes qu'il admire, ou – mieux encore – faites-le en famille : décrivez le parcours, les qualités, les réussites de ces personnes… et préciser pourquoi elles vous inspirent. En partageant ces portraits, vous partagez aussi vos aspirations, vos envies, vos espoirs, vos valeurs.

N'hésitez pas à enrichir la description avec ce que vous connaissez du parcours de vos modèles ; transmettez ainsi des notions plus complexes pour les jeunes : par exemple, que leur héros n'a pas toujours été un héros, qu'il ne s'est pas fait en quelques jours, qu'il lui a fallu du temps, des efforts, qu'il lui a fallu surmonter des échecs…

Trouvez également le moyen de dire à votre enfant que lui aussi réussira demain quelque chose qui le dépasse aujourd'hui. Glissez-lui l'idée qu'il en est capable.

RESSOURCE

Lettre à mon futur moi

C'est un outil que j'utilise beaucoup en atelier de formation. Invitez votre ado à s'envoyer une lettre à lui-même, qu'il ouvrira quand il aura passé son bac ou quand il aura 30 ans…

L'objectif de cette lettre est de répondre à la question : « Comment est-ce que je m'imagine quand j'aurai… » L'adolescent peut parler de ce qu'il veut : peurs, espoirs, rêves idéalistes, projets concrets, etc. Quand il ouvrira cette lettre quelques années plus tard, ce sera l'occasion de réaliser un petit bilan personnel : non seulement il mesurera le chemin parcouru, mais cela lui permettra de recharger ses batteries pour repartir avec plus d'entrain. Quand on a semé de l'espoir, il rejaillit.

Juliette a écrit sa lettre en troisième et l'a ouverte après son bac. Elle n'en a pas parlé à sa mère. Mais elle a trouvé l'exercice tellement positif qu'elle a convaincu son frère, habituellement réticent à ce genre de pratiques, de s'écrire à son tour une lettre à lui-même, à n'ouvrir qu'à la fin de ses études supérieures.

La colère, la peur

La colère

L'adolescent peut avoir du mal à exprimer ses inquiétudes. Il se met donc plus facilement en colère. En général, il est en colère contre lui-même. Tout se passe à l'intérieur. Et la colère rentrée entraîne agressivité et souffrance. C'est pour ça qu'elle est à l'origine de beaucoup de maladies psychosomatiques. Elle nous fait secréter de la cortisone qui use prématurément les organes.

Elle peut aussi s'exprimer de façon visible, en commençant par les mots, puis par la destruction d'objets, et enfin par des coups portés à l'autre.

La colère fait peur. Pourtant elle peut être saine. En particulier quand elle est liée à de l'impuissance ou quand notre territoire est menacé. Elle nous permet de poser des limites, de nous défendre. Quand nous sommes agressés dans notre intériorité, envahis dans notre intimité, elle nous met en mouvement pour résister ou nous opposer et contre-attaquer quand c'est particulièrement difficile.

Il est vrai que quand la colère se transforme en énergie destructrice, elle peut être dangereuse pour soi ou pour les autres. Ce n'est pourtant qu'un de ses aspects.

Quand votre ado se met en colère, c'est un moyen d'exprimer son besoin d'autonomie ou le sentiment que vous n'avez pas suffisamment confiance en lui. Sa colère peut aussi être très constructive : elle vous permet d'ajuster votre attitude de parent. Quand il exprime une impuissance face à des éléments qui le dépassent, c'est d'abord un levier de motivation, un moteur pour passer à l'action. Souvent, il vous suffira d'orienter votre enfant vers un lieu ou vers des personnes auprès desquelles il pourra s'engager pour que sa colère soit canalisée. En revanche, quand elle est l'expression d'une souffrance, il faut être très à l'écoute afin d'en déceler la nature, de comprendre ce qui a été touché chez lui, quel est son besoin, à quelles valeurs il aspire.

Fondamentalement, la colère exprime le besoin d'être reconnu en tant que personne unique. D'où le fait que les adolescents y sont souvent confrontés. C'est vraiment une émotion de cette tranche d'âge.

Si les emportements de votre enfant ne correspondent pas aux descriptions ci-dessus, demandez-vous si sa colère ne serait pas l'expression de la colère rentrée d'un autre membre de la famille : votre conjoint, un frère ou une sœur…

Luc et Agnès viennent me consulter au sujet des colères à répétition de leur fils Ludovic, 13 ans. Ils ne peuvent plus rien lui dire sans qu'il s'énerve et s'agite; il s'en prend souvent à eux verbalement. Et comme leur fils grandit, ils commencent à craindre que ces colères se trans-

forment en violence physique. Je discute un long moment avec eux, en faisant mine de passer à d'autres sujets. À un moment donné, Luc, le père, commence à me parler de ses propres parents. Il ne leur pardonne pas de l'avoir mis en pension à l'âge de 11 ans. Après quelques questions complémentaires, en quelques minutes je comprends que les colères de Ludovic sont le reflet exact de la colère historique de son père. En quelques séances collectives à trois, je les mets sur cette voie. Du coup, ils en parlent ensemble, identifient les étapes, comprennent ce qui se passe et les tensions s'apaisent de façon très significative. Je les ai revus peu de temps plus tard. Non seulement cette phase était loin derrière eux, mais en plus ils avaient eu plusieurs fois l'occasion de progresser en réutilisant cette façon de communiquer. Le père a notamment appris à octroyer plus de moments de qualité à son ado.

Il est de la responsabilité des parents d'aider leur enfant à résoudre les conflits qui éclatent durant cette période délicate. Il est très important que l'ado sache que vous êtes présent, qu'il peut compter sur vous, voire qu'il peut tout vous demander. Ce n'est pas pour cela que vous allez tout lui donner ! Il est même tout aussi nécessaire que vous posiez des limites, que vous l'aidiez à découvrir ses émotions et comment les accueillir. Il ne faut pas régler ses problèmes à sa place, minimiser les situations ou empêcher qu'il assume les conséquences de ses actes ou de ses paroles.

EXERCICE

La lettre à colère

À tout âge, quand on est profondément en colère, il est particulièrement efficace de déverser par écrit tout ce qui nous passe par la tête, de préférence avec un stylo et du papier (pas sur un écran).

Une fois rédigée, cette lettre ne doit être donnée à personne : il faut la détruire le plus tôt possible !

La peur

Voici un exemple assez emblématique de nos peurs : les transports en commun. Margot, 15 ans, a besoin de plus d'autonomie dans ses déplacements en ville. Elle a envie d'aller au cinéma avec ses copines le week-end, ou besoin de se rendre chez une camarade pour travailler et donc rentrer tard… Le premier réflexe de sa mère est de l'avertir qu'il est dangereux de prendre les transports en commun seule à son âge : « Avec tout ce qui se passe !!! »

Je conseillerais à cette mère de réfléchir avant de parler, d'identifier sa peur et ce que cache cette peur. Elle a évidemment besoin que son enfant soit en sécurité. Mais est-ce la première chose à mettre en avant ? Chercher à identifier ce que veut sa fille est une bonne manière de commencer à prendre un peu de distance avec ses propres émotions.

Il est beaucoup plus positif et efficace de faire des recommandations concrètes :

- Cette mère peut donner à sa fille des conseils de sécurité dans les transports en commun : comment s'habiller, où s'asseoir dans une rame de train, à quoi être attentif dans le comportement de certains individus ou de certains groupes… Emporter deux paires de chaussures pour une soirée est aussi une précaution de bon sens ; on réserve la tenue de soirée au cercle privé et on s'habille de façon neutre à l'extérieur.
- C'est tout simplement l'occasion de parler concrètement de la peur, du fait que la peur se ressent et peut générer d'autres peurs ou de l'agressivité chez autrui.
- La mère de Margot peut autoriser sa fille à se rendre en certains lieux, à des horaires et selon des trajets précis. Elle peut lui proposer une solution alternative comme celle de rester dormir chez la copine.
- Il y a toujours la solution de secours qui est : « Appelle-moi à n'importe quelle heure pour que je vienne te chercher. »
- Bien sûr, elle fera évoluer ces principes en fonction de l'âge de sa fille.

Au lieu de ne rien dire, d'interdire ou de faire peur, il est préférable de trouver des solutions. Ainsi, cette mère répond à son propre besoin de sécurité et, en lui faisant part de son expérience, elle répond aussi au besoin de sa fille qui est de gagner progressivement en autonomie.

Je n'oublie pas que le débat sur la tenue vestimentaire des filles a progressé et j'en suis très heureuse. En effet, il est maintenant admis que ces règles, même si elles s'imposent aux filles, n'exonèrent pas les garçons d'adopter une attitude respectueuse : ce n'est pas parce qu'une fille est habillée de façon voyante ou provocante qu'elle doit être considérée comme une proie. En attendant, les choses étant ce qu'elles sont, il faut que les filles restent vigilantes, malheureusement.

En tout cas, cet exemple est à comparer à celui de Deborah :

> *Au moment où je l'ai rencontrée, Deborah venait de prendre une semaine de vacances pour pouvoir accompagner son fils de 14 ans matin et soir à son stage de troisième en entreprise. Elle ne voulait pas qu'il prenne le métro seul. Ni l'un ni l'autre n'était vraiment à l'aise avec cette décision. Ils avaient au moins conscience que cette solution n'était pas satisfaisante.*

À travers ces exemples, je vous encourage à être attentif au moins à deux choses : comment répondre à vos besoins et à ceux de votre enfant *et* comment accueillir les émotions de chacun.

Renforcer leur mental

On pense parfois encore que lorsqu'on élève les enfants de façon stricte, on contribue à former des adultes forts et disciplinés. Comme beaucoup d'entre vous, je l'ai cru longtemps aussi car j'ai été éduquée dans la discipline. Mais ce n'est pas vrai. Force est de constater que cela donne plutôt des adolescents et des jeunes adultes frustrés, complexés, résignés, avec une faible estime d'eux-mêmes. Il y a une différence entre donner un cadre, des repères, des guides, et imposer des règles dont on a hérité sans esprit critique, sans les adapter à l'époque où nous vivons ou à la personnalité de chaque jeune.

Votre enfant n'a plus 2 ans. Il est parfaitement capable d'entendre un « non » – et c'est même tout à fait formateur. Ne serait-ce que parce qu'il devra, de plus en plus souvent, savoir dire non lui-même et aussi parce qu'il n'obtiendra jamais tout dans la vie.

Le meilleur moyen d'aider les ados à être plus solides mentalement et à acquérir une force psychologique suffisante pour faire face aux aléas de la vie, c'est de les inciter à développer ce qu'on appelle les compétences psychosociales[1]. Elles sont au nombre de dix et se déclinent deux par deux :

- savoir résoudre les problèmes/savoir prendre des décisions ;
- avoir une pensée critique/avoir une pensée créatrice ;
- savoir communiquer efficacement/être habile dans les relations interpersonnelles ;
- avoir conscience de soi/avoir de l'empathie pour les autres ;
- savoir gérer son stress/savoir gérer ses émotions.

Notons que « résoudre un problème » n'est qu'une des dix compétences énumérées ; elle constitue pourtant l'essentiel de l'apprentissage de

1. Source : Organisation mondiale de la santé (OMS).

l'école. Il en reste neuf autres qui ne sont pas assez valorisées, développées ou transmises !

Les compétences psychosociales ont d'abord été promues dans le cadre de programmes d'éducation à la santé physique et psychologique. Capacité de résilience, estime de soi, confiance en soi, connaissance de soi et capacité à l'introspection sont les bénéfices à attendre du développement de ces compétences. Elles favorisent l'autonomie et la responsabilité. Pour donner un exemple dans le domaine de la santé, on pourrait dire que si être malade n'est pas de notre responsabilité, en revanche, nous pouvons (devons) être pleinement acteurs de notre traitement.

Puisqu'il est rare d'échapper complètement aux difficultés et aux blessures de la vie, il est particulièrement utile et rassurant pour l'adolescent de savoir qu'il peut vivre et grandir malgré les épreuves. Elles finissent même par donner du relief et de la profondeur à notre route. Elles nous forcent parfois à changer de chemin et à en découvrir de nouveaux. Elles sont source d'apprentissages et de fierté, une fois surmontées. Nos épreuves, nos blessures ne définissent pas ce que nous sommes. Autrement dit, nous ne devons pas réduire notre fils ou notre fille à ses difficultés. Encore faut-il qu'il ou elle ait reçu les clés pour les dépasser, et c'est là qu'est votre rôle de parent.

Lorsque votre adolescent se comporte d'une façon qui vous déplaît, c'est l'occasion de l'aider à développer une de ces compétences plutôt que de le critiquer, voire de l'humilier.

Une des façons les plus concrètes de transmettre ces compétences est de témoigner de la manière dont vous avez dépassé les obstacles qui se sont présentés sur votre chemin. J'attire cependant votre attention : parler de ses propres difficultés n'est pas anodin, ni pour vous ni pour votre adolescent : ne le faites qu'occasionnellement et avec des mots adaptés à l'âge de votre enfant. Vous n'êtes pas tenu d'entrer dans les détails ! Au besoin, éluder certains aspects : « Dans quelques mois, on pourra en reparler. » Si pour vous le sujet reste sensible ou que les émotions sont trop vives, n'en parlez pas. Votre adolescent ne doit pas être votre thérapeute. Il y a au moins deux aspects positifs à cet échange : ne pas laisser place aux non-dits et faire passer le message qu'il est possible de dépasser les difficultés, y compris les plus intimes : harcèlement, violence…

Ce sera plus naturel si vous avez déjà identifié vos complexes, si vous vivez mieux avec ou que vous êtes en bonne voie de vous en débarrasser. Si ce n'est pas le cas, alors pourquoi ne pas en profiter pour faire un travail sur vous-même pour le plus grand bien de votre ado ? Sachez qu'il vous écoute plus souvent que vous ne le pensez. Je dirais même plus : il vous observe et il vous sent. Il est donc souvent préférable de parler, même de façon brève et simple, plutôt que de taire les choses.

De vos premières règles à un examen oral raté en passant par un instant de solitude qui n'appartient qu'à vous ou par le choix de vos études ou de votre métier, vos expériences ont de la valeur. Surtout si vous les analysez avec un recul d'adulte.

Attention : votre ado n'est pas celui que vous êtes aujourd'hui ou que vous étiez hier. Raconter votre expérience, ce n'est pas transposer, mais donner lieu à des échanges de qualité qui sont très formateurs sans être moralisateurs. En agissant de cette façon, d'adulte à adulte (naissant), il se peut même que vous en tiriez un bénéfice dans votre parcours. Parler à cœur ouvert avec un proche est une belle façon de grandir.

L'effet Pygmalion ou la prophétie autoréalisatrice

L'effet Pygmalion[1], mis en évidence en 1933 par deux psychologues américains, Rosenthal et Jacobson[2], est la capacité qu'a une personne

1. D'après le titre de la pièce de George Bernard Shaw, elle-même inspirée du personnage mythologique éponyme.
2. Voir à ce propos mon livre *Heureux à l'école : tout commence à la maison*, *op. cit.*, p. 160-164.

de réussir parce qu'elle croit en elle *et* parce que les personnes qui sont autour d'elle croient en ses capacités.

L'expérience de Rosenthal et Jacobson est la suivante : ils se sont rendus dans des écoles de quartiers défavorisés où ils ont fait croire qu'ils réalisaient une grande étude confiée par une université prestigieuse. Pour faire plus vrai, ils s'étaient fait faire de fausses cartes de visite. Officiellement, le thème de leur travail était l'éclosion tardive du potentiel des élèves. Ils ont donc fait passer un test d'intelligence aux élèves. Ils n'ont pas formellement transmis les résultats aux enseignants mais se sont arrangés pour qu'ils tombent quand même entre leurs mains. Or les résultats qu'ils ont fait circuler n'étaient pas les résultats réels du test. Les notes avaient été modifiées : on avait attribué des notes plus hautes que la réalité à 20 % des élèves.

À la fin de l'année, ils ont fait repasser le test aux élèves. Les deux chercheurs ont alors constaté que ceux qui avaient été surnotés avaient augmenté leurs performances au test. Ils en ont déduit que les enseignants qui pensaient avoir de bons élèves en face d'eux avaient un regard et un comportement qui encourageaient les enfants à exprimer leurs compétences et leurs talents et à utiliser tout leur potentiel. Leur regard et leur attitude vis-à-vis de ces enfants avaient un impact positif. D'où l'autre nom de ce phénomène psychologique : la prophétie autoréalisatrice.

Des tests similaires existent : au début de l'année, on annonce à un professeur qu'il a les meilleurs élèves du collège alors que ses élèves n'ont rien d'extraordinaire (ils sont même plutôt faibles). À la fin de l'année, on s'aperçoit que ces enfants ont mieux travaillé et ont de meilleurs résultats que ceux du professeur auquel on a dit qu'il avait hérité des élèves les moins bons.

Quel que soit notre rôle vis-à-vis des enfants, n'oublions jamais la leçon à tirer de ces expériences. Attention aux petits mots ou aux petites phrases maladroites que nous, parents, grands-parents, enseignants, nous disons quand nous parlons de nos enfants (« il est paresseux », « elle n'écoute rien »...). Ces petites phrases ont un effet Pygmalion inversé. L'enfant s'identifie à ces phrases, et comme il essaie toujours de répondre au mieux aux attentes de ses parents, il devient effectivement paresseux, maladroit, peu motivé, etc. En résumé : nos enfants deviennent ce que nous pensons d'eux.

Alors même en public, ne parlez que des points forts et des succès de votre enfant. Soyez vigilant sur ce que vous pensez et sur ce que vous dites de lui. Non pas pour le glorifier de façon excessive et en tirer avantage en vous glorifiant vous-même devant les autres, mais pour soutenir ses efforts et, mieux encore, pour lui permettre de déployer ses talents.

Je vais même plus loin : malgré la croyance bien ancrée que « l'adolescence est une période difficile », je fais une différence importante entre « période difficile » et « transformation, transition ». À la lumière de l'effet Pygmalion, vous comprenez bien que si je suis persuadé à l'avance que l'adolescence est une période difficile, il y a un grand risque que mon ado incarne cette croyance. Alors que si je suis attentif aux transformations qu'il vit, prêt à en accueillir les bons côtés comme à accepter les moments plus délicats, je laisse plus de place, plus de chances à une transition en douceur.

Plus j'observe ce qui se passe dans les familles, plus je rejoins très volontiers le Pr Marcel Rufo quand il affirme que 80 % des adolescents vont bien[1]. Soyez-en convaincu ! Vous verrez : votre ado aura de bonnes chances d'aller mieux.

---

1. Marcel Rufo, *La Vie en désordre. Voyage en adolescence*, Le Livre de poche, 2009.

EXERCICE

Les qualités de mon ado

Quels sont les talents et les qualités de mon adolescent ?
L'objectif de cet exercice est de vous entraîner à parler de ses points positifs plutôt que de ses faiblesses. (Voir p. 248 la liste des qualités et des talents.)

- Pendant quinze jours, j'observe mon ado et je note ses qualités. Le moment idéal étant au retour des vacances ou de toute période de séparation.
- Je me nourris et je nourris notre relation de ces observations.

Comment encourager son ado

L'image de lui-même que votre ado se construit dépend des stimulations qu'il reçoit de son environnement : principalement des parents, du collège ou du lycée et des contenus qu'il visionne sur écran (en particulier sur les réseaux sociaux). C'est pourquoi il est si important de renvoyer à votre ado une image positive de lui-même, de lui adresser des mots d'encouragement. Et de limiter son accès aux images violentes et aux contenus agressifs. En effet, les images violentes – ou même seulement décalées de la réalité, inatteignables, mensongères, etc. – ont le pouvoir de perturber l'estime qu'il a de lui-même. Il risque de se projeter dans un monde superficiel, irréel ou virtuel, et le retour à la réalité risque bien d'être décevant.

Rappelons que votre adolescent est d'abord influencé par ce que vous êtes et ce que vous faites avant d'être influencé par ce que vous dites (voir p. 119, « Sommes-nous inspirants pour nos enfants ? »). C'est pourquoi il est important de réfléchir et éventuellement de travailler sur votre propre estime de vous et sur l'image que vous avez de vous-même. Si vous avez confiance en vous, cela décuplera votre capacité à bien éduquer et à bien aimer. Il est essentiel que nous, parents, soyons cohérents.

Un autre point fondamental est d'aimer votre enfant pour ce qu'il est et non pour ce qu'il fait ou pour ses résultats. De nombreux parents conditionnent leur amour aux résultats, en particulier aux résultats scolaires. Même si cela part d'une bonne intention, les gratifications calculées en fonction des notes (l'argent de poche, le barème de récompense...) transmettent exactement le message inverse de l'amour inconditionnel. Ce message est dévastateur[1] et ne favorise pas le développement de l'adolescent, ni son bonheur d'apprendre, ni sa réussite scolaire. Se savoir aimé et encouragé par ses parents procure au jeune une énergie immense qui le porte à réussir, qui contribue à lui faire découvrir mille et une façons de réussir dans sa vie. Si votre ado apprend à s'aimer, à se respecter, et s'il a une image positive de lui, il trouvera plus facilement les solutions pour surmonter les obstacles et réaliser ses rêves.

En cas de désaccord ou de déception

Contrairement aux apparences, manifester à votre ado votre désaccord ou vos déceptions est un acte positif. Il n'est pas question de le féliciter pour quelque chose que vous désapprouveriez mais de lui adresser des critiques constructives : commencez toujours par valoriser les points positifs, exprimez ensuite vos points de désaccord, puis redites-lui combien vous l'aimez.

Toute désapprobation doit concerner une erreur précise : elle doit porter sur un acte et non sur sa personne. Tant que vous parlez des faits et de leurs conséquences, tant que vous restez factuel, vous avez toutes les chances d'enclencher une réaction positive de sa part. L'étape d'analyse des faits l'aidera à mesurer la situation ; elle sera toujours constructive. Il faut simplement oser dire à votre enfant que vous désapprouvez ce qu'il a fait, puis l'inviter à trouver par lui-même une

1. Pour aller plus loin, lire Jacques Schecroun, *Une autre façon d'aimer*, Les Éditions de l'Homme, 2015.

solution qu'il pourra mettre en œuvre. S'il est jeune, vous l'aiderez en lui présentant plusieurs solutions.

OUTIL

Analyser les faits de façon constructive

- Formules à utiliser pour analyser les faits, notamment ceux que vous désapprouvez :
  - *Quel est ton avis ?*
  - *Qu'est-ce que tu as fait ?*
  - *Si tu agis de cette manière, que penses-tu qu'il arrivera ? à toi ? aux autres ?*
  - *Raconte-moi ce que tu veux faire : quel message veux-tu faire passer ?*
  - *Je ne suis pas d'accord pour telle et telle raison. J'écoute tes motifs et tes raisons.*
  - *Qu'est-ce qui n'a pas marché ? Que pourrais-tu améliorer ?*
  - *Qu'est-ce qui a marché ?*
  - *Quelles actions as-tu mis en œuvre et qui ont réussi ?*

NOTA : cette étape de dialogue ne présage pas de la décision que vous allez prendre : vous ranger à son avis, le laisser faire à sa façon tout en maintenant votre avis, demander qu'il change quelque chose, interdire… et ceci avec toutes les nuances possibles.

- Formules pour analyser les faits, notamment quand il s'agit de renforcer une réussite, même partielle :
  - *Comment t'y es-tu pris ?*
  - *Quelle est ta « météo » interne ? ton état émotionnel ? ton état d'esprit ?*
  - *Qu'est-ce qui ne marche pas ?*
  - *Qu'est-ce qui marche bien ?*
  - *Comment te sens-tu quand tu réussis ?*

La force du compliment « descriptif »

« L'encouragement est à l'enfant ce que l'eau est à la plante[1]. » Nous l'avons dit, l'encouragement est un des moteurs principaux de la confiance en soi et de la motivation, mais il y a une façon de faire, de dire, qui le rend efficace. Le compliment est une projection de notre pensée et de nos émotions sur notre ado. En ce sens, il risque de rendre notre ado dépendant de notre regard, de notre parole. Mais quand on utilise un compliment « descriptif », en partant des faits, on libère l'ado de cet attachement émotionnel, on lui laisse le loisir de s'approprier ou non le compliment. L'encouragement, ou le « compliment descriptif », permet aux jeunes de savoir qu'ils avancent dans la bonne direction. Voici quelques formules types que vous pouvez utiliser pour communiquer de façon positive avec votre enfant.

OUTIL

Savoir complimenter

- Quelques phrases à dire à votre ado pour renforcer un cercle vertueux :
  - *Souviens-toi de te féliciter pour le magnifique travail que tu as fait.*
  - *Je trouve que tu mérites bien un moment de pause !*
  - *Bravo, bon travail. Ça fait plaisir.*
  - *C'est super, ce travail !*
  - *Je vois que tu as atteint ton objectif.*
  - *Merci.*
  - *Tu apprends rapidement.*
  - *Belle initiative ! Je te remercie.*
  - *Je te vois concentré. Super !*
  - *Bravo, je suis fier de toi.*
  - *Quel progrès ce dernier trimestre ! Formidable !*
  - *Ça me fait plaisir de voir ces résultats.*

1. Rudolf Dreikurs et Vicki Soltz, *Le Défi de l'enfant*, Robert Laffont, 1972.

- *Je sais que tu peux y arriver, que tu en es capable.*
- *Je te trouve créatif.*
- *Comment as-tu réussi cela ? Ça m'intéresse.*
- *Je trouve ton raisonnement intéressant.*
- *J'aime t'accompagner dans ton travail. J'aime aussi quand je n'ai plus besoin de le faire !*
- *Félicitations, je sais que cela a été difficile.*
- *Je t'ai vu concentré.*
- *Je sens que tu grandis intérieurement.*
- *Tu as dit non au bon moment. Ça me rassure.*
- *Tu as tenu ta parole. C'est important pour moi.*
- *Souviens-toi quand tu avais 8 ans, quel chemin parcouru ! Bravo !*
- *Tu es en train de tracer ta voie. J'aime ça.*

- Phrases à utiliser en cas de simple hésitation de l'adolescent, ou de baisse d'énergie, et bien sûr en cas de difficulté :
  - *Se tromper, c'est normal.*
  - *L'échec fait partie de la vie.*
  - *Nous faisons tous des erreurs, c'est normal de ne pas y arriver du premier coup.*
  - *Tu peux faire les choses autrement.*
  - *Crois-tu que Didier Deschamps [ou un autre sportif] est devenu champion en un seul jour ? Et tout seul ?*
  - *Tu as le droit de ne pas savoir.*
  - *Je suis sûr que tu vas réussir car je vois que tu travailles régulièrement.*
  - *Je suis convaincu que tu peux le faire.*
  - *De quoi as-tu besoin ?*
  - *Quel est ton objectif ?*
  - *Nous sommes là pour t'accompagner.*
  - *Tu as le droit de demander de l'aide.*
  - *Tu as autant de valeur que les autres.*

- *Tu as ta chance. Vas-y !*
- *Tu mérites le meilleur.*
- *Quand tu ne te sens pas bien, qu'est-ce qui te permet de rebondir ?*
- *Que peux-tu faire pour te sentir à nouveau détendu ?*
- *Tu as de l'énergie (dans le sport, avec les amis…), utilise-la au mieux. Focalise-toi sur tes objectifs.*
- *Rappelle-toi tout ce que tu as déjà réussi depuis plusieurs mois. Tu es sur la bonne voie.*

• Phrases à dire en toutes occasions :
- *Je t'aime.*
- *Comment juges-tu ce que tu as fait ?*
- *Qu'est-ce qu'il faut pour améliorer cette façon de faire ?*
- *Comment te sens-tu ?*
- *J'aime faire les choses avec toi.*
- *J'aime quand tu m'aides à la maison.*
- *Faisons ensemble.*

• Formules (et leurs déclinaisons) à éviter absolument :
- *En travaillant plus, tu aurais eu une meilleure note.*
- *Beau travail, mais je suis sûr que tu peux mieux faire.*
- *Bravo, je suis fier de toi. Tu vois, quand tu veux, tu peux.*
- *C'était facile : la prochaine fois, il faudra faire mieux !*

Ces formules types de nos petites phrases automatiques ont tendance à diminuer le mérite de celui qui les entend. Elles peuvent même le rabaisser. Cela crée une pression inutile, une exigence de « toujours plus ». Il vaut mieux commencer par souligner ce qui est déjà atteint. Une fois qu'on aura fêté dignement la réussite, il sera toujours temps de se projeter à nouveau vers l'avenir. Mais ce sera à un autre moment : au moins le jour d'après voire, plusieurs jours plus tard.

Des encouragements mesurés

Un dernier point sur lequel je souhaite attirer votre attention, qui montre combien, dans ce domaine comme dans beaucoup d'autres, la mesure est primordiale : si vous encouragez trop votre ado, si vous le faites sans motif précis et concret, vous risquez de passer totalement à côté de l'effet recherché. Votre enfant ne sera pas dupe. Il comprendra qu'il y a un manque de sincérité ou de profondeur dans vos mots ou dans votre démarche. Il est donc très important que vos encouragements portent sur un point précis, même modeste. N'attendez pas qu'il ait réussi quelque chose de grande envergure pour l'encourager.

Bien sûr, l'intensité de vos encouragements doit être proportionnelle aux faits. Si votre adolescent a juste respecté une règle que vous avez établie ensemble, une petite phrase de reconnaissance sera bienvenue, mais pas plus. En revanche, s'il vient de réussir un objectif difficile qu'il s'était donné à lui-même depuis plusieurs mois (un examen, un niveau de sport...), cela justifie de vifs encouragements. Pour marquer le coup, on peut tout à fait partager un moment en famille : un repas au restaurant, un concert, une activité sportive ou ludique... Veillez cependant à ne pas «acheter» les efforts de votre jeune, à ne pas le rendre dépendant de ce mode de relation.

Gardez de la mesure dans vos encouragements et adaptez votre façon de manifester votre satisfaction au langage de l'amour auquel votre jeune est le plus sensible (voir p. 166).

Pour plus d'efficacité, voici quelques phrases clés d'encouragement à distiller à doses homéopathiques mais régulières :

- *Tu peux recommencer autant de fois que tu veux.*
- *Tes échecs n'en sont pas s'ils t'apprennent quelque chose.*
- *On apprend plus de ses erreurs que de ses succès.*
- *Sois fier de pouvoir dire «j'ai essayé».*
- *On ne devient pas champion en un seul match.*
- *Tout est expérience.*

- *Un échec n'est pas définitif, tout comme une réussite ; ce qui compte, c'est de progresser.*
- *S'appuyer sur ses réussites, même petites, est un excellent moyen de progresser.*

Bien sûr, il vaut mieux complimenter son enfant « de manière maladroite » que de ne *jamais* le complimenter ni l'encourager. Vous pouvez notamment parler des émotions que ce qu'il fait suscite en vous.

- Gratitude :
  - *Je vois à quel point cela t'a demandé du travail.*
  - *Quand je regarde ta création, cela me fait penser à…*
  - *Merci pour ton aide !*
- Valorisation du processus d'apprentissage, transmission du savoir :
  - *Tu peux m'expliquer ou me montrer comment faire ?*
- Valorisation de l'acte :
  - *J'apprécie ta coopération.*
- Connaissance de ses émotions et de ses pensées :
  - *Que ressens-tu ? Qu'en penses-tu ?*

Vous noterez que tous ces exemples portent sur les faits et non sur sa personne. Enfin, soyez attentif à laisser à votre ado de plus en plus de place :

- aidez-le à exprimer son opinion personnelle ;
- aidez-le à exprimer ses émotions ;
- aidez-le à prendre des décisions ;
- apportez-lui de la sécurité affective en ne « refaisant pas derrière lui » et en acceptant que ce soit mal fait ou fait autrement.

Se confronter au regard de l'autre

Pour conclure cette grande partie sur les besoins et les émotions des adolescents, il me paraît utile de parler de la construction de soi. Achever de construire son identité ne se fait pas en quelques jours ! L'adolescence est bien cette phase tout à fait normale et naturelle où l'enfant passe du statut d'« enfant de » à « je ». J'ai dit « normale » et « naturelle », mais je devrais aussi la qualifier de « longue », « délicate », « complexe », « sensible »... L'affirmation de son identité est un besoin fondamental et c'est une phase où les émotions jouent un grand rôle.

Cette construction de soi se fait « face à l'autre ». Aucun humain ne peut vivre sans appartenir à plusieurs groupes : famille, collège, groupe de sport, pays, culture, etc. Dans l'enfance, le petit d'homme n'a qu'une seule référence consciente : la famille. À l'adolescence, le jeune découvre d'autres cercles à travers lesquels il construit son identité à lui. Trouver sa place, sa juste place, parmi les autres est particulièrement important durant les années de collège. C'est une période éprouvante pour les jeunes qui sont partagés entre exclusion et inclusion alors qu'ils sont plus sensibles. Ils doivent apprendre à accepter une critique, à faire la distinction entre le rêve et la réalité : « Oui, je ne suis pas aussi grande que j'aimerais l'être » ; « À l'école primaire, j'étais le premier de la classe ; depuis deux ans je galère » ; « Non, je ne suis pas l'enfant parfait que mes parents imaginent » ; « Non, je ne suis pas ce que mon père pense de moi »...

En se confrontant aux autres, l'adolescent prend conscience des différents codes sociaux et fait ses premiers choix personnels à travers son style vestimentaire, ses options alimentaires et ses loisirs. Il découvre aussi la hiérarchie dans le groupe : va-t-il suivre le plus fort, la plus grande gueule, le leader ou la plus jolie... ? En affichant ses préférences, il se détache progressivement de vous, parent, pour se rapprocher d'autres groupes et construire son identité, son système de valeurs, ses croyances. Après les années de collège se poseront les questions de l'orientation scolaire et du choix des études : « Quel sera mon rôle dans la société ? »

C'est là toute la complexité de l'adolescence : « Qui suis-je, moi qui ne me connais pas encore très bien ? Comment me faire accepter et aimer et non exclure, ce qui me ferait perdre mon élan vital ? Je veux conquérir mon autonomie de pensée et d'action tout en participant à la vie en collectivité. Comment me sentir en sécurité intérieure ? »

Le fait de se sentir parfois écartelé entre « être soi-même » et « faire partie d'un groupe » ne s'arrête pas à l'adolescence. Vous le savez. Nous dépensons tous beaucoup d'énergie pour tenter de plaire aux uns ou éviter de déplaire aux autres. Nous vivons ce paradoxe d'avoir besoin d'être reconnu dans nos spécificités et nos différences tout en appartenant à une communauté. Nous devons accompagner nos jeunes pour leur permettre de vivre ces besoins contradictoires sereinement, de trouver l'équilibre le plus satisfaisant possible.

Quand nous cherchons à tout contrôler, nous empêchons nos jeunes d'acquérir autonomie et indépendance. Nous risquons d'en faire des personnes dociles et soumises et de brider leur joie naturelle. Cela les freine tellement dans leur élan vital qu'ils sont amenés à s'autocensurer parce qu'ils ont besoin du regard de l'autre.

Avec plus de lâcher-prise et une éducation davantage centrée sur la personne, on évite les comportements à risque et les luttes de pouvoir parent-ado. Il faut faire comprendre à l'ado que ce n'est pas parce que l'autre ne valide pas ses choix, sa façon de voir, sa façon de faire qu'il est mauvais ou qu'il se trompe ! Et une des clés pour faire passer le message, c'est d'être capable de dire à son ado : « Je ne suis pas d'accord avec toi, mais tu es à un âge où tu vas découvrir toi-même les conséquences de tes actes. Donc je ne te l'interdis pas, je te dis de façon claire et sans ambiguïté que je désapprouve. (Et je me prépare même, sans te le dire, à te soutenir si tu rencontres un échec.) »

REPÈRES

Affronter le regard de l'autre

- Avoir à l'esprit que le groupe peut avoir un comportement néfaste pour l'individu.
- Quand on fait partie d'un groupe, on peut et on doit garder une certaine distance pour se forger son identité personnelle et pour rester soi-même.
- Recueillir l'avis de l'autre ne doit pas nous empêcher de passer à l'action si nous pensons que ce que nous faisons est juste.
- Il ne faut pas se laisser troubler en cas d'avis divergeant pour ne pas se retrouver dépendant du regard de l'autre.

Le psychothérapeute Thomas d'Ansembourg résume cela par cette formule : « Désaccord n'est pas désamour[1]. » (Je reviendrai plus loin sur l'importance de ne pas avoir peur du désaccord, pp. 180 et 230.)

- *Témoignage d'Adrien, 18 ans : « J'ai des copains qui sont super en tête à tête. Mais dès qu'ils se retrouvent en groupe, ils ont des comportements contraires à leurs valeurs : ils deviennent bêtes, voire méchants. »*
- *Ludivine, en seconde, prenait grand soin de son look et était hyper dépensière. Elle a fini par se retrouver au commissariat pour vol à l'étalage. Quand je l'ai rencontrée, je lui ai fait découvrir son monde intérieur, pour qu'elle apprenne à s'aimer et à écouter les avis contraires sans en être affectée. Au bout de quelques mois, elle est revenue me dire : « J'ai compris que je ne pouvais pas plaire à tout le monde. J'ai commencé à apprendre à m'aimer. Pour moi, ça*

1. Thomas d'Ansembourg, *Cessez d'être gentil, soyez vrai*, Les Éditions de l'Homme, 2001.

a changé mes relations avec mes camarades de classe et particulièrement avec les garçons. »

Se sentir exclu est une source très importante d'angoisse et de souffrance. Noémie Einsenberg, professeure de psychologie à l'université de Los Angeles, observe que cela peut provoquer des souffrances comparables aux souffrances physiques. Cette souffrance reste gravée dans la mémoire et influence le comportement tout au long de la vie. Comme on l'a vu dans cette partie, une des solutions majeures pour stopper le mécanisme, c'est de mettre des mots sur les émotions et sur le vécu.

« Je crains le jour où la technologie surpassera les interactions humaines. Ce jour-là, le monde aura une génération d'idiots. » Albert Einstein

5

ÊTRE PARENT D'ADOLESCENT

Aimer inconditionnellement et risquer de déplaire

Dans l'amour que nous portons à notre jeune, nous mettons parfois du « conditionnel ». Des petites pensées ou des petites phrases maladroites peuvent empêcher notre fils ou notre fille de devenir pleinement la personne qu'il ou elle doit être. L'amour conditionnel, c'est le fait de conditionner notre amour à une exigence, une attente, même inconsciemment : « Je t'aime si tu fais ceci, si tu te comportes comme cela. » Et cette attitude est parfois tellement ancrée en nous, en raison de notre propre éducation, que nous la reproduisons sans nous en rendre compte. Soyons donc attentifs aux messages indirects que nous envoyons à travers nos différentes demandes et exigences :

- Je t'aime… si tu fais ceci ou cela.
- Je t'aime… si tu penses comme moi.
- Je t'aime… si tu réussis là où j'ai échoué.
- Je t'aime… si tu obéis.
- Je t'aime… si tu travailles bien.
- Je t'aime… si tu ne fais pas de vague.

Nous sommes nombreux à croire que nous ne sommes pas dignes d'être aimés pour nous-mêmes, que l'amour de nos parents était lié à nos bons ou mauvais comportements. Cela fait partie de la maltraitance éducative ordinaire que nous avons subie et qui a des répercussions sur notre façon d'éduquer à notre tour. Nous reproduisons très facilement et inconsciemment cette attitude soit de façon autoritaire, soit en achetant l'affection de nos enfants.

« [Certains] parents semblent avoir peur de déplaire à leurs enfants », constate Jacques-Antoine Malarewicz, médecin psychiatre[1]. Nous

1. Jacques-Antoine Malarewicz, *Le Complexe du Petit Prince. L'adolescence en crise entre l'enfance inachevée et l'âge adulte impossible à atteindre*, Robert Laffont, 2003.

serions de plus en plus dépendants de l'amour de nos enfants. Ce qui fait que nous avons du mal à poser un cadre et des limites au moment où l'adolescent en a besoin. Car oui, poser un cadre et des limites, c'est risquer de lui déplaire sur le moment, mais c'est pour mieux répondre à ses besoins profonds. Nous avons du mal parce que nous avons peur d'être rejetés… ce qui arrivera de toute manière car l'adolescent doit se détacher de ses parents avant de revenir vers eux plus tard.

C'est d'autant plus difficile qu'on n'a pas une vie de couple pleinement satisfaisante ou qu'on est séparé de son conjoint. Beaucoup de parents cherchent à compenser leur manque d'amour conjugal auprès de leur enfant. Or, à l'adolescence, non seulement votre fils ou votre fille ne vit peut-être plus chez vous qu'une semaine sur deux, mais en plus il ou elle ne veut plus vous suivre dans vos activités dominicales. Ce peut être alors très difficile à vivre, on peut avoir un fort sentiment d'abandon ou d'impuissance. Ce sentiment d'abandon est aussi une blessure qui nous pousse à mettre des conditions à notre amour.

Ce qui est merveilleux, c'est qu'en même temps que nous accompagnons notre ado pour qu'il devienne un futur adulte bien dans sa peau, bien dans le monde, il nous fait grandir de son côté. Cela demande du temps. Cela demande aussi beaucoup de lâcher-prise de notre part. Notre défi est de laisser notre jeune suivre son parcours, vivre sa vie et faire la synthèse entre les valeurs familiales et ce qu'il est et veut devenir. Sans ce travail de synthèse, l'ado ne pourra pas faire des choix libres ; il risque même de s'autosaboter, de peur, inconsciemment, de nous déplaire, de s'éloigner trop loin…

En cas de difficulté, nous dépensons beaucoup d'énergie à lutter contre ce qui nous arrive. À refuser le changement et à continuer à appliquer les vieilles recettes qui ne fonctionnent plus. Accepter la crise de votre ado, c'est accepter de grandir avec lui. C'est renoncer à une vision des choses ou à des façons de faire qui ne sont bonnes ni pour lui ni pour vous.

Aimer son ado tel qu'il est, ce n'est pas facile. À ce titre, les familles d'enfants handicapés sont des exemples pour moi : elles ont appris à accueillir un enfant pas comme les autres – un enfant qui n'évoluera peut-être pas ou du moins très peu… Elles ont appris à aimer leur enfant en vivant l'instant présent, à se réjouir de petits progrès qui représentent pour eux de grandes victoires, à demander de l'aide, à se remettre en question, à se regrouper pour ne pas être seules.

Les langages de l'amour

Gary Chapman, psychologue américain, a identifié cinq façons de faire pour nourrir les besoins de chacun. Il a appelé cela « les langages de l'amour ». Un langage de l'amour, c'est une manière particulière d'exprimer à l'autre notre affection. Chacun d'entre nous a une prédisposition naturelle pour l'un ou plusieurs de ces langages : celui auquel nous sommes le plus réceptifs, qui nourrit davantage nos besoins, est en général celui que nous « parlons » spontanément. Mais ce n'est pas forcément le langage de prédilection de l'autre[1]. Je vous invite à découvrir à quel(s) langage(s) de l'amour votre ado est le plus sensible afin de lui « parler » ce ou ces langages. Cela améliorera significativement votre relation.

---

1. Gary Chapman, *Les Langages de l'amour. Les actes qui disent « je t'aime »*, Farel, 2015.

OUTIL

Les cinq langages de l'amour selon Gary Chapman

- **Le contact physique** : un des langages de l'amour les plus simples pour communiquer; de la tape sur l'épaule à l'embrassade profonde, l'éventail est large…
- **La parole valorisante** : le compliment, le mot pour dire ce qu'on apprécie, ce que l'on a remarqué de positif; les mots ont un pouvoir incroyable sur nous et laissent une trace sur notre comportement.
- **Le service rendu** : des choses ou des tâches que l'on réalise pour l'autre, pour lui manifester notre affection.
- **Le moment de qualité** : un moment où l'on est pleinement présent à l'autre (discussion, activité en commun…).
- **Le cadeau** : il n'est pas nécessaire que les cadeaux coûtent cher; ce qui compte, c'est l'attention.

Parler de sexualité sans tabou

Nous sommes en pleine incohérence : nous vivons dans une société hypersexualisée, où les mœurs sexuelles n'ont jamais été aussi libres, et en même temps le dialogue en famille sur tout ce qui concerne la sexualité est souvent très pauvre.

Si nous ne parlons pas éducation affective et sexuelle avec nos enfants, Internet s'en chargera, et dans ce qu'il peut véhiculer de pire : la pornographie. Les chiffres sont redoutables ! En voici quelques-uns[1] :

- Cent pour cent des préados ont vu des images pornographiques et 21 % des garçons pensent que les films X représentent ce que sont les relations sexuelles !
- Plus d'un tiers des garçons interrogés déclarent avoir regardé du contenu pornographique sur un site Internet pour la première fois à l'âge de 13 ou 14 ans.
- Une fille sur dix ayant déjà visionné des films pornos sur Internet indique l'avoir fait pour la première fois entre 11 et 12 ans.

Le challenge, c'est de regarder du porno à l'école sur les portables des copains ou carrément en cours d'informatique !

Eh oui, la pornographie a bien une influence sur leurs pratiques sexuelles : près d'un ado sur deux (45 %) a tenté de reproduire des scènes vues dans ces films[2]. Car la pornographie a ce pouvoir de fascination (mêlée de répulsion) qui s'apparente à une drogue, avec les mêmes effets de dépendance et d'escalade dans la recherche du « toujours plus ».

Le neurochirurgien américain Donald Hilton nous prévient : « L'apprentissage sous un état de dépendance sculpte le cerveau d'une manière

1. Étude de l'Ifop pour l'Observatoire de la parentalité et de l'éducation numérique réalisée par questionnaire autoadministré en ligne du 21 au 27 février 2017.
2. Sondage Ifop pour l'Observatoire de la parentalité et de l'éducation numérique, mars 2016.

très dommageable[1]. » Un enfant de 12 ans qui visionne des images hard-core se dira : « C'était génial ! » Il peut certes en être effrayé, mais ce sentiment sera supplanté par la fascination. Et sa première expérience sera le reflet de ce qu'il a vu. Il n'y a plus de tâtonnement, d'hésitation naïve, de découverte à deux des relations intimes.

De plus, l'exposition à des images sexuelles de plus en plus osées et violentes détruit la faculté de ressentir des émotions. Regardez la dernière publicité télévisée du site Adopteunmec.com : on y voit un homme et une femme échanger un baiser particulièrement « hot ». Cela ne choque pas les moins de 30 ans ; c'est devenu la norme. Ce n'est pas à l'industrie pornographique d'éduquer nos jeunes.

Le contenu pornographique que la loi interdit en accès libre est en réalité très facilement accessible, sans aucun risque pour l'éditeur. Et vous voudriez préserver l'innocence de vos enfants ou de vos jeunes ? Pourtant, quand on les interroge, plus d'un adolescent sur deux reconnaît qu'il était « trop jeune » la première fois qu'il a vu des images de sexe et de relations sexuelles. Le risque premier est que les jeunes déconnectent complètement les rapports sexuels des nombreuses dimensions qui leur donnent du sens : la relation, l'affection, le don de soi, voire l'engagement.

Il y a contradiction, incohérence, avec ce qui se passe en famille. Quarante ans après les lois sur la pilule contraceptive et l'interruption volontaire de grossesse, le sujet reste bien souvent peu ou mal abordé. Les parents comme l'école abordent la sexualité le plus souvent du point de vue des facteurs de risque : mauvaises rencontres, maladies sexuellement transmissibles, grossesse non désirée… Il n'est question que de danger, d'hygiène et pas assez de sentiments ou d'affection.

On peut déplorer aussi la réaction choquée de certains parents quand ils découvrent telle ou telle aventure de leur enfant, notamment quand

1. Donald Hilton au Congrès international interdisciplinaire sur les dangers sexuels guettant des enfants désormais hyperconnectés, évoqué dans un entretien avec l'AFP, juin 2017.

ils apprennent qu'il ou elle a eu sa première relation sexuelle. Le sociologue Michel Bozon parle de « panique morale » des parents[1]. C'est le sentiment de perdre totalement le contrôle de son enfant. De le voir nous échapper. Les relations affectives et sexuelles sont l'archétype de la zone intime qui échappe aux parents. L'ado précoce sexuellement montre souvent un besoin extrême d'amour. C'est particulièrement vrai pour les filles. Pour les garçons, il existe un besoin de reproduction des comportements qu'il a ressenti dans son environnement pour, paradoxalement, se faire reconnaître par les siens.

Cette situation renvoie aussi l'adulte à ses propres difficultés dans ses relations affectives et sexuelles. Croyances, peurs, manque d'éducation dans ce domaine, perte de contrôle... se mêlent. Surtout si on prive nos ados des dimensions qui donnent toute leur beauté à ces relations : connaissance de soi et de l'autre, respect, découverte, relation, sans compter la diversité des formes de plaisir.

Dans ce contexte, quelle vision positive de la relation à l'autre donnons-nous à nos jeunes ? Quand et comment leur parlons-nous de sentiments, de l'importance de se connaître et de connaître l'autre, des bienfaits d'une relation amoureuse de qualité ? Entre l'extrême sexualisation de la société et le discours hygiéniste des éducateurs, il manque un pan entier de découverte de l'amour dans ses dimensions à la fois affective et sexuelle. Le consentement mutuel, les préliminaires, les différences de plaisir entre l'homme et la femme, le respect du corps de l'autre sont des notions qu'il est fondamental d'aborder avec les ados et qui permettent à chacun d'entre eux de se faire une idée belle, positive et structurante de la sexualité.

D'autant plus que les croyances et les peurs liées à la sexualité sont encore fortement enracinées dans les mentalités. Voici quelques-uns des clichés véhiculés par la société, notamment dans les conversations entre pairs : « Si t'es un homme, tu peux (tu dois) avoir toutes

1. Cité par Frédéric Joignot, « Les ados, le porno et la panique morale des parents », sur son blog Fredericjoignot.blogspirit.com, 8 mai 2012.

les filles de ton lycée », « Si tu dis oui, tu es une fille facile », « Si t'es encore puceau à 20 ans, t'as raté quelque chose », « Les règles, c'est sale », etc. On notera au passage la dimension sexiste de ces croyances.

Ce que je vois de l'évolution de la société, ce sont plutôt des difficultés croissantes dans les relations hommes-femmes. Pour un mouvement médiatique de lutte contre les violences sexistes, combien de petits reculs, d'incompréhensions ? Dans certains pays (Japon, États-Unis), de nouveaux comportements émergent : on pratique une sexualité virtuelle, qui semble prendre la place de toute relation affective et sexuelle avec un partenaire en chair et en os. Des jeunes de 25 ou 30 ans témoignent de cette difficulté à rencontrer l'autre. Ils n'ont plus aucune relation sexuelle réelle, seulement des relations à distance ou avec une machine (jeux vidéo, films, etc.) Et demain, peut-être, avec des robots ?

Dans ce triste paysage, et malgré une modification des structures de la famille (divorce, Pacs, mariage homosexuel, méthodes de procréation), la valeur famille semble toujours constituer un pilier pour les jeunes. Mais il a tendance à se dégrader. Les ados ont du mal à concrétiser leur idéal de famille malgré l'image positive qu'ils en ont. Nous pouvons les accompagner ; ne les laissons pas seuls.

OUTIL

Pour une éducation affective et sexuelle réussie

Ce que vous pouvez faire pour préserver votre adolescent d'une violence inutile et néfaste à son psychisme et surtout l'éduquer à la beauté de la vie affective et sexuelle :

- installer des contrôles parentaux sur les outils numériques (eh oui, même pour les adolescents) ;
- savoir interdire le visionnage de certains films ou jeux vidéo ;

- l'informer sur les contenus ;
- partir d'un sujet d'actualité pour aborder avec lui les rapports hommes-femmes ;
- mettre des mots sur ce qu'il vive ou partage éventuellement à la maison pour l'aider à prendre de la distance si nécessaire ;
- lui apprendre que les images pornographiques ne sont pas le reflet d'une relation affective et sexuelle épanouissante ;
- si, lors du visionnage d'un film en famille, vous pouvez une scène non adaptée à leur âge, le premier réflexe est d'en parler ;
- toujours répondre à ses questions ;
- mettre à sa disposition de bons livres qui correspondent à son âge ;
- l'écouter avec bienveillance quand il parle des comportements de ses camarades de classe, puis le questionner sur son ressenti, sur ce qu'il en pense... ;
- témoigner de sa propre histoire, avec ses difficultés, certes, mais avec ses moments heureux, bien sûr sans aucun exhibitionnisme mais avec conviction.

N'hésitez pas à inscrire les 10-14 ans, garçons ou filles, dans des ateliers de découverte des relations affectives en accord avec vos valeurs. Il existe un peu partout en France des ateliers père-fils ou mère-fille pour aborder avec sérénité les changements de la puberté[1]. Profitez-en ! Les ateliers pour garçons ne sont pas assez répandus car peu d'hommes osent accompagner leur fils – ils en auraient pourtant un grand besoin ! Non, ce n'est pas à la mère de porter à elle seule la responsabilité de l'éducation sexuelle. Je dirais même que si l'on souhaite faire disparaître la violence entre les sexes, il faut éduquer encore davantage les garçons.

Quant à ce qui est fait à l'école, la loi (modifiée récemment) va dans le sens d'une sensibilisation au sujet moins hygiéniste et avec un peu

1. Comme les ateliers Cycloshow et Mission XY (cycloshow-xy.fr).

d'éducation affective. Il n'en reste pas moins que sur le terrain, d'une école à l'autre, les propositions diffèrent. Alors n'hésitez pas à compléter ce qui aura été vu en classe : prolongez le dialogue à la maison, en abordant le thème du jour comme un sujet parmi d'autres.

Accueillir la fragilité et l'insécurité

Je vous invite à accueillir les difficultés comme un chemin de croissance pour votre ado comme pour vous. Non pas en les recherchant, bien sûr. Plutôt en vous disant, quand elles se présentent, que vous pouvez en tirer quelque chose de positif. Oui, accepter notre impuissance face aux choix de nos ados, face à leurs doutes, à leurs hésitations, voire à leurs souffrances, est un défi ! Parfois un grand défi. Au fond, c'est accepter notre propre vulnérabilité ; cela permet d'accueillir celle de l'autre mais aussi sa différence. Oui, le bonheur est parfois inconfortable !

Cet inconfort, cette fragilité, sont les corollaires de l'humilité. Loin de valoriser le tout puissant *Homo economicus* (le consommateur qui compense ses fragilités par des actes d'achat), la philosophe Corine Pelluchon fait au contraire l'éloge de l'humilité[1]. Elle nous recommande de reconnaître nos limites, de renoncer à notre quête de perfection. C'est seulement en acceptant tout ce qui échappe à notre maîtrise (souffrance, handicap, fatigue, vieillissement, mort…) que nous pourrons recréer des relations de qualité, dans la sphère familiale et au-delà. La fragilité est souvent confondue avec la faiblesse : être fragile ne signifie pas être faible, mais plutôt accepter ses limites.

L'ado aime à se présenter comme fort. Il fait montre souvent d'un sentiment de toute-puissance, en adoptant un ton moqueur ou une attitude insensible ! C'est une armure pour faire croire qu'il est indifférent à ce qui l'entoure, alors que c'est tout le contraire. Toutes les situations de violence ordinaire (images, mots, comportements…) l'affectent jusqu'à ce qu'il ne les supporte plus. Il exprime alors son mal-être par la violence des mots, des attitudes, ce qui est difficile

1. Corinne Pelluchon, *Éthique de la considération*, coll. « L'ordre philosophique », Le Seuil, 2018.

à vivre, pour vous comme pour lui. La seule attitude à avoir, c'est à la fois de garder une certaine distance pour ne pas tomber dans un cercle vicieux d'émotivité, et de faire preuve de fermeté, à condition que cette fermeté soit juste, bienveillante et que on soit capable de se remettre en question.

Vivre sereinement avec ce paradoxe suppose de dépasser un sentiment d'insécurité très courant. La peur est une émotion spontanée alors que le sentiment d'insécurité est un ressenti installé, plus ou moins fort, mais qui gouverne nombre de nos décisions. Quand nous hésitons, quand nous surprotégeons, quand nous cherchons à éviter l'inconfort, c'est bien souvent que notre sentiment d'insécurité a pris le pouvoir. Ce sentiment s'immisce discrètement et nous pousse à rechercher la sécurité à tout prix. Et quand ce sentiment rejaillit sur nos jeunes, il peut les étouffer, les conduire à la dépression, une stratégie inconsciente pour éviter de souffrir. Faisons en sorte que nos peurs ne nous entraînent pas dans la surenchère de la recherche de sécurité.

L'obsession sécuritaire

Dans notre société, l'obsession du tout-sécuritaire nous conduit à mettre nos enfants sous cloche, à les mettre en garde continuellement : « C'est dangereux », « Tu n'as pas l'âge », etc. Les médecins nous alertent notamment sur les répercussions, pour le bien-être de nos ados, d'un manque de contact avec la nature (je dois reconnaître que ce point-là me tient particulièrement à cœur). Ainsi, le manque d'exercice physique a des conséquences directes sur leur santé et sur leurs capacités d'apprentissage. Voilà même que la Fédération française de cardiologie a constaté que nos jeunes ont perdu de leur capacité respiratoire[1].

1. Catherine Béduwé et Arnaud Dupray, « D'une génération à l'autre : l'inquiétude des jeunes en question », *Céreq Bref*, n° 361, février 2018.

Les règles de sécurité finissent par nous entraver au lieu de nous libérer (du danger). On a commencé à s'en apercevoir de façon concrète : par exemple, quand les routes sont mieux éclairées la nuit, les conducteurs se sentent plus en sécurité… mais finissent par devenir moins vigilants ! On constate alors une recrudescence d'accidents. Pour les adolescents, nous en sommes à ce stade : à force de n'être autorisés à rien, de ne plus avoir le droit de s'exercer à grand-chose, ils ne savent plus rien faire de leurs mains, ne connaissent plus leurs faiblesses ni leurs forces… Certains cherchent alors à tester leurs limites en se livrant à des comportements extrêmes, y compris interdits. Ils recherchent les sensations fortes, quitte à se mettre en danger. À l'adolescence, c'est en réalité une réaction normale.

Loin de moi l'idée que nous n'avons pas besoin de sécurité. Nous avons vu que c'était un besoin fondamental (p. 116). Si nous dépassons ce sentiment d'insécurité, en passant à l'action, et que nous montrons l'exemple à nos jeunes, nous sommes sur la bonne voie, celle qui révèle le potentiel de chacun.

L'éducation est faite d'équilibre. Cet équilibre est fragile et peut être rompu dans un sens où on ne l'attend pas. En effet, un phénomène plutôt récent s'est fait jour : la course à la perfection, au zéro défaut, même en matière d'éducation et de parentalité. La nécessité d'être le meilleur est constamment mise en avant, et ce dans tous les domaines. Cet impératif a une répercussion sur le développement psychologique des jeunes et notamment sur leur vie amoureuse. Les échappatoires à cette pression sont variées. Certains se livrent à une sexualité humiliante, dégradante, qui est une fuite de la rencontre réelle de l'autre. D'autres surinvestissent le travail, d'autres encore sont obsédés par la perfection du corps. Pour les ados dont les parents ont devancé les désirs, ont anticipé les difficultés, prendre le risque d'être rejeté par celui ou celle dont ils sont amoureux est inconcevable. Pauline Prost, enseignante et psychanalyste, nous explique que surinvestir affectivement ses enfants peut faire des ravages dans leur développement et compromettre leur aptitude future à aimer : « Certains adultes ont été tellement gavés d'amour dans leur enfance qu'ils n'ont pas pu trouver en eux l'espace d'un manque, la sensation de vide intérieur qui permet de tomber amoureux. Leurs parents se sont tellement voués à eux, ont tellement devancé leurs désirs, les ont tellement fait baigner dans la jouissance, c'est-à-dire la satisfaction, qu'ils ferment par la suite leur porte au sentiment[1]. »

Alors, loin de la toute-puissance, de la peur et du surinvestissement, apprenons à trouver des équilibres constructifs. Dans le domaine de l'éducation des adolescents, ces équilibres se nomment « ennui », « autonomie progressive », « expériences », « confiance », « essai-erreur-recommencer », « fragilité », « frustration », etc.

1. Dossier « Le culte de la perfection. Jusqu'où faut-il s'améliorer ? », *Philosophie Magazine*, nº 119, mai 2018.

Oser et savoir dire non

Oser dire non

Il y a plusieurs façons de sécuriser un adolescent. En premier lieu, n'hésitons pas à faire preuve d'autorité : notamment en (ré)apprenant à dire non. Je ne parle surtout pas d'autoritarisme ; je parle du besoin de l'enfant d'être cadré, de se voir poser des limites claires, ce qui le sécurise. L'absence de limites est source d'insécurité, car elle crée un vide, alors que les limites sont des contraintes qui obligent à être créatif. Sans compter que le dépassement des limites fait partie de la vie et de cette période de l'adolescence en particulier.

Pour certains parents, le seul mot « non » est tabou. « Pourquoi les embêter, pourquoi les frustrer, les faire souffrir ? » Ces parents-là considèrent à tort que les interdits briment les enfants. Et cette croyance est alimentée par l'illusion que l'enfant sait ce qui est bon pour lui ! Ce n'est pas parce qu'il a un immense potentiel qu'il sait comment exploiter ce potentiel.

N'ayez pas peur de paraître « vieux jeu » et ne cherchez pas à devenir le copain de votre ado ! Vous y perdriez autant que lui. Bien sûr, les règles que vous fixerez ne seront pas les mêmes pour un enfant de 12, 14 ou 16 ans. Mais, quel que soit son âge, cela le rassurera d'avoir un adulte qui lui rappellera les règles (lesquelles sont des repères).

En posant des limites, en disant non, vous générez une frustration chez votre ado, mais par là même vous lui donnez l'occasion d'exprimer progressivement sa personnalité. Et c'est en se confrontant à la frustration qu'il pourra développer ses propres envies, ses propres désirs, différenciés de ceux de ses parents.

Un vrai « non » dit à bon escient et avec justesse aura beaucoup d'impact. C'est pour cela qu'il vous faut choisir vos batailles. Plus votre fils ou votre fille grandira, moins vous pourrez lutter sur tous les fronts en même temps : le style vestimentaire, l'hygiène corporelle (eh oui, certains ados ne se lavent plus et pour eux ce n'est pas si grave que ça), les relations amicales, les horaires, la scolarité… Définissez donc ce qui est pour vous non négociable et sachez lâcher prise sur ce qui est secondaire.

Les règles de vie peuvent être définies en famille avec un « bâton de parole[1] » ou tout autre mode de concertation.

Vous aurez fait un point avec votre conjoint sur vos besoins et ceux de votre ado : ce à quoi vous êtes prêt à dire oui et ce à quoi vous direz non. Laissez votre ado exprimer son désir. Faites-lui juste comprendre que, sur certains sujets encore, ce sont les parents qui décident. Et sur les autres sujets, laissez-lui prendre progressivement des initiatives. N'oubliez pas de réévaluer régulièrement les domaines dans lesquels vous lui laissez de l'autonomie. Il grandit vite. Il faut aussi savoir dire oui.

Vous devez dire non quand c'est nécessaire, mais pas pour tout (choisissez vos batailles). Sachez que votre « non » a aussi l'avantage d'être pédagogique, car à travers votre exemple vous lui apprenez à savoir dire non. Ne pas savoir dire non, c'est laisser le pouvoir au plus fort. Savoir dire non, c'est être soi-même. Dire non, c'est aussi se laisser le temps de la réflexion avant de passer à l'action : notamment réfléchir aux conséquences de ses actes, quitte à différer son passage à l'acte de quelques jours ou de quelques semaines.

1. Le bâton de parole est un temps de parole et d'écoute codifié. J'y fait référence plus explicitement et plus longuement dans mon livre *Élever ses enfants sans élever la voix*, *op. cit.*, p. 208 et suivantes.

REPÈRES

Quand faut-il dire non ?

Le pédopsychiatre Marcel Rufo, affirme que « les ados ont horreur des positions tièdes[1] ». Aussi je vous propose de vous poser quelques questions essentielles avant d'exprimer un refus :

– Faites le point : quel est l'enjeu ? Est-ce important ?
– Si ça ne l'est pas (ce jour-là, pour son âge, pour vous…),vous pouvez céder !
– Si ça l'est, expliquez-lui pourquoi.

Et si vous avez estimé que dire non était nécessaire, ne lâchez plus sur ce point. Au moins jusqu'à une prochaine échéance que vous vous fixerez (anniversaire, fin de l'année, fin de la semaine…).

1. Erik Pigani, « Marcel Rufo, pédopsychiatre : les ados ont horreur des positions tièdes », Psychologies.com, 8 septembre 2009.

Savoir dire non

Oser dire non, c'est dépasser l'appréhension d'un désamour. Savoir dire non, c'est progresser dans l'art et la manière d'exercer l'autorité bienveillante.

J'entends parfois des parents avouer : « J'ai du mal à dire non car j'ai peur que mon enfant ne m'aime plus. » Certains prennent conscience qu'ils ne savent pas non plus dire non à leurs collègues, à leur famille… « J'ai l'impression que pour être parfait et pour être aimé, je dois toujours accepter tout ce qu'on me demande. »

Ces remarques révèlent une peur que notre image soit abîmée, qu'on nous juge mal. Si nous agissons uniquement pour répondre aux désirs et aux attentes de nos ados, nous ne les aimons pas pour ce qu'ils sont mais pour l'image qu'ils nous renvoient de nous. Nous recherchons leur appréciation en répondant à leurs désirs immédiats. Alors qu'en leur disant non quand c'est nécessaire, nous cherchons à mieux répondre à leurs besoins fondamentaux… et nous leur donnons l'image d'un adulte autonome auquel ils peuvent s'identifier.

Le jeune est dépendant des autres pour évoluer psychiquement mais, parallèlement, il lutte contre cette dépendance. Lui dire non lui permet de faire cet apprentissage. C'est lui apprendre à se différencier. Quand on lui dit non, c'est que l'on est différent de lui. Il peut affirmer sa personnalité, trouver ses propres ressources ou solutions. Si vous répondez toujours à ses demandes, vous le déresponsabilisez. Il ne gagne qu'en apparence la liberté de faire et il perd progressivement sa liberté d'être. Il devient prisonnier de ses pulsions.

Dire son besoin, affirmer ses opinions est souvent vécu comme une agression par celui qui écoute. En retour, celui qui ose exprimer un besoin craint que ses propos soient perçus comme agressifs. Ces deux étapes se renforcent progressivement. Cette croyance prend racine dans l'enfance, quand les parents ne permettent pas à l'enfant d'exprimer ses opinions, ses idées ou ses goûts. Même aujourd'hui, où la parole des enfants et des adolescents est beaucoup plus libre, il subsiste une croyance largement partagée qu'exprimer un besoin empiète sur la liberté de l'autre. Or ce n'est pas l'expression du besoin qui empiète sur cette liberté, c'est l'obligation qu'on se fait d'accéder systématiquement aux désirs de l'autre. Alors que les étapes « 1. j'exprime un besoin », « 2. tu te positionnes avec un vrai oui ou un vrai non sans remettre en question ma personne » forment un processus respectueux de chacun et libérateur.

Écouter vraiment votre ado, échanger avec lui, entendre sa demande et lui dire oui ou non, sans porter de jugement, doit à la fois l'encourager à exprimer ses opinions et lui permettre d'accueillir l'opinion des autres et d'accepter une décision différente de la sienne – voire s'exposer à un conflit – sans peur, sans colère. Il est essentiel qu'il apprenne à décider, à choisir sans avoir peur de se tromper. Il deviendra un adulte capable de supporter les refus des autres sans se sentir mis personnellement en cause ni se croire rejeté.

Par exemple, il sera capable de refuser un troisième verre d'alcool ou de vous appeler à 4 heures du matin car il aura su dire non à un copain pour éviter de monter dans sa voiture.

Pour le psychologue américain Robert Epstein, la crise d'adolescence est due à l'infantilisation des ados et aux restrictions de plus en plus nombreuses qu'on leur impose[1]… Il n'y a pas de contradiction avec ce que nous venons de développer : dire non à son ado, à bon escient, ce n'est pas le restreindre en quoi que ce soit. C'est lui donner des repères, des panneaux indicateurs, dans un monde où tout est possible.

EN PRATIQUE

Savoir dire non : l'art et la manière

Voici une liste de conseils sur la manière de dire non (ou de reporter une décision, ou de n'accepter que partiellement…) :

- Prenez le temps d'analyser la situation. Ne répondez pas immédiatement. Dites plutôt : « Tu me donnes cinq minutes pour que j'y réfléchisse ? », « On va en parler avec ton papa », « Après le dîner, on te donnera une réponse ».
- Soyez dans l'« écoute active » et sachez recevoir une opinion différente de la vôtre sans la dénigrer.
- Avant d'opposer un refus, proposez des alternatives. Votre expérience vous permet souvent d'avoir plus de recul sur les choses et de réfléchir à des solutions. Mieux encore : demandez à votre ado d'imaginer ces solutions.
- Déculpabilisez-vous. Ce n'est pas l'amour entre votre ado et vous qui est en jeu.
- Faites-vous confiance et faites-lui confiance. Pensez à l'effet Pygmalion (voir p. 146) : plus vous lui accordez votre confiance, plus il aura à cœur d'être à la hauteur de cette confiance.

1. Cité par Marcel Rufo dans un entretien avec Isabelle Grégoire, « Ados : sachez leur dire non », Lactualité.com, janvier 2009.

- Oubliez les fausses excuses. Recherchez des paroles vraies.
- Un « non » peut être parfois négociable. – mais pas à chaque fois.
- Résistez au marchandage. Écouter, comprendre ne veut pas dire négocier sur tout ou entrer dans des détails où tout le monde se perd.
- Avouez vos faiblesses, s'il le faut, mais à dose raisonnable : « Je ne suis pas à l'aise pour te dire non », « C'est difficile pour moi ». Et maintenez votre décision malgré tout.
- Appuyez-vous sur les règles familiales, les règlements officiels, et même sur la loi : elle reste une référence absolue pour la vie en société. Il sera toujours temps plus tard d'entrer dans un débat sur la désobéissance civile…
- Soyez cohérent entre ce que vous pensez, ce que vous dites et ce que vous faites. Vous connaissez la capacité des ados à vous mettre face à vos incohérences.

La frustration est un apprentissage. Acceptez que votre enfant ait une réaction violente. Acceptez qu'il vous déteste pour votre refus. Ou plus exactement qu'il prétende vous détester sous le coup de la frustration. Efforcez-vous de réagir de façon posée : « J'ai entendu. Tu as le droit d'exprimer ce que tu ressens. Je comprends que ma décision ne te convient pas du tout. C'est ma décision aujourd'hui et je ne reviendrai pas dessus. » Petite astuce : si, en même temps que vous vous exprimez, vous pensez de façon très claire « je t'aime », il y a de grandes chances que les mots que vous prononcerez soient empreints de bienveillance. Ne vous attendez tout de même pas à ce que votre ado soit en mesure d'« entendre » que vous l'aimez à ce moment-là ! Gardez ces mots pour une autre fois ; l'intention suffira.

OUTIL

Faire part de sa décision à son ado

Avant de faire part de votre décision à votre ado (quelle qu'elle soit : acceptation ou refus), je vous invite à procéder en 6 étapes :

- décrivez-vous la situation ;
- analysez ce que vous ressentez ;
- précisez votre besoin ;
- imaginez quel peut être son besoin ;
- anticipez ses réactions possibles ;
- notez précisément ce à quoi vous allez dire oui et ce à quoi vous allez dire non.

Ajuster notre autorité

Quelques chiffres à propos de l'autorité

Selon un sondage Ipsos pour *Enfant Magazine* et *Femme actuelle*[1], 67 % des parents pensent que c'est « le manque d'autorité » qui les caractérise le mieux (et 73 % des non-parents). Le reste de l'enquête le confirme : 76 % des personnes interrogées jugent les parents « trop laxistes », 66 % « trop copains », 61 % « trop tolérants », et 81 % pas « assez sévères » avec leur enfant.

Aujourd'hui, dans le domaine de l'éducation, le terme « autorité » serait considéré comme un gros mot. Pourtant, l'autorité est structurante. Je rappelle qu'il ne faut pas confondre l'autoritarisme (ou violence ordinaire) et l'autorité, qui fait grandir.

« Ton amour sans exigence m'étiole ; ton exigence sans amour me décourage ; ton amour exigeant me fait grandir. » Don Bosco

Le cadre et l'organisation de la vie de famille doivent être adaptés à l'âge et à la maturité de votre ado. Ils doivent évoluer pour lui permettre d'être de plus en plus autonome. Les règles doivent être acceptées par les deux parties (vous et lui), voire, pour certaines, établies ensemble. Votre ado a toujours besoin de règles car elles le responsabilisent. Elles manquent parfois dans notre société, alors qu'elles l'aideraient à se construire et à se connaître. Même quand il sera adulte, il faudra maintenir certaines de ces règles.

Solenn laisse traîner un conflit avec sa fille de 17 ans portant sur le linge qui s'accumule dans sa chambre. « Si je ne ramasse pas son linge, elle ne le fait pas. Elle est capable de me demander la veille au soir sa tenue de sport pour un championnat qui a lieu le lendemain même. Je n'en peux plus ! »

---

1. Sondage Ipsos, juillet 2011.

Voilà un exemple de bataille inutile. Pour éviter d'en arriver là, la meilleure solution pour Solenn aurait été d'avertir sa fille que désormais elle ne s'occuperait plus de son linge, mais qu'elle serait à sa disposition pour lui expliquer comment fonctionne la machine et lui donner toutes les précisions dont elle pourrait avoir besoin. Elle ne devrait pas craindre que ça lui fasse manquer un cours ou une séance de sport une foisde temps en temps : ce serait justement l'occasion de tenir bon. Les règles seraient clairement énoncées : « Tu es responsable de ce domaine de ta vie, tu découvres que ta négligence a des conséquences. »

Vous laisserez aussi progressivement à votre ado plus de liberté d'aller et venir. S'il a besoin d'un certificat médical, ce peut être l'occasion de le laisser prendre rendez-vous chez le médecin et y aller seul. Viendra aussi le moment où vous le laisserez prendre le train tout seul pour se rendre chez sa grand-mère ou chez votre conjoint si vous êtes séparés, etc. Et si ce n'est déjà fait, laissez-le se mettre aux fourneaux – y compris pour tout un repas en famille – ou s'occuper intégralement de son linge (à laver et à étendre), et cela dès 12 ou 13 ans.

Adapter les règles familiales peut se révéler un exercice difficile quand on a deux ados ! Je suis convaincue qu'il est bon de ne pas autoriser les mêmes choses à l'un et à l'autre, même si vous estimez que cela vous faciliterait la tâche.

REPÈRES

Parents séparés : n'ayez pas peur

Si vous êtes séparé de votre conjoint, il est important d'échanger le maximum d'informations avec lui pour être le plus cohérent possible dans l'éducation que vous donnez à votre enfant (cette exigence est d'ailleurs valable pour tout couple, même non séparé). C'est souvent difficile du fait de votre histoire commune, parfois douloureuse. Je vous invite malgré tout à mettre de côté vos désaccords dans l'intérêt de votre enfant. N'hésitez pas à vous faire aider (ensemble ou séparément) par un professionnel de l'accompagnement, pour sortir d'une éventuelle « guerre » sur les sujets d'éducation.

En particulier, n'empêchez pas un ado qui est éloigné d'un de ses parents de se rapprocher de lui, même si vous avez peur de le perdre. Même si vous avez peur qu'il souffre à cause de ce parent qui vous semble peut-être immature ou pas à la hauteur. Je connais beaucoup d'histoires différentes à ce sujet : les plus dramatiques viennent de l'interdiction faite à l'enfant de rendre visite à son autre parent ; les plus belles réconciliations viennent de l'autorisation de retourner chez lui, malgré toutes les réticences qu'il pouvait y avoir au départ. Cela peut prendre du temps. C'est pourtant le seul chemin, même s'il est difficile.

Pour clore ce thème du « non » et de l'autorité, je citerais Jacques Salomé[1]. Il nous rappelle que savoir refuser compte parmi les quatre modes de relation (demander, donner, recevoir, refuser).
Ces quatre modes de relation structurent la personnalité. Ils permettent de s'affirmer, de se définir, de se positionner. Pour finalement être capable de déclarer sereinement : « J'ai un autre point de vue que le tien. J'écoute ton point de vue avec intérêt et attention. »

1. Jacques Salomé, *Pour ne plus vivre sur la planète TAIRE* [1997], Albin Michel, 2004.

Vivre notre vie tout en assumant notre rôle de guide

Les nouveaux parents, surtout ceux qui pratiquent l'éducation positive, aspirent de plus en plus à passer du temps avec leur bébé puis leur enfant et s'investissent beaucoup dans cette relation. Aussi, quand arrive l'adolescence, ils ont du mal à lâcher prise, à continuer à être présents à ses côtés… d'une nouvelle manière.

À l'adolescence de nos enfants, c'est le moment de s'accorder un peu de temps – celui qui nous a tant fait défaut quand ils étaient petits – et de trouver un nouvel équilibre dans notre vie. Plus besoin de baby-sitting ou presque : le dernier pourra passer le week-end chez un copain tandis que l'aîné restera à la maison… Alors pourquoi ne pas en profiter pour s'occuper de son couple en multipliant les dîners en tête à tête ? Ou en partant pique-niquer le dimanche soir – en laissant les ados préparer leur repas de leur côté ? Et si c'était le moment d'apprendre une langue étrangère, de reprendre des leçons de piano ou de partir faire des randonnées d'une journée en amoureux ? À vous d'imaginer ! C'est encore plus important pour les parents solo qui ont mis de côté, faute de temps et d'énergie, leur vie affective.

Votre enfant vous remerciera de ne pas lui coller aux basques, de ne pas vous focaliser sur sa vie et de mettre en pratique ce que vous lui enseignez. S'occuper de soi, se faire plaisir, c'est important dans la vie.

En même temps que vous lui accordez un nouvel espace d'autonomie, restez toujours prêt à endosser ce rôle de guide qui vous est dévolu pour toujours ou presque. Car nos enfants, quel que soit leur âge, cherchent en nous :

- la cohérence ;
- l'amour inconditionnel ;
- un cadre rassurant ;
- un guide ;
- la sécurité affective.

Quelle merveilleuse expérience que celle d'avoir été aimé de ses propres parents ! Quelle belle énergie cela donne ! Quel plaisir de voir à votre tour votre ado s'ouvrir au monde et vous apostropher naïvement sur des sujets de société en vous disant : « Qu'est-ce que vous avez fait ? » ou encore « Vous n'avez rien fichu, vous êtes responsables de nos problèmes ! » Il est normal pour un ado d'interpeller les adultes. Les discussions qui s'ensuivent sont souvent des plus passionnantes et surtout fondatrices.

Attention à nos injonctions

Nous exprimons très souvent, et bien malgré nous, des opinions ou des croyances qui se transforment en consignes, en ordres implicites, en règles à valeur plus ou moins universelle. Or un grand nombre de ces injonctions ont tendance à freiner nos ados plutôt qu'à les motiver, surtout quand elles sont contradictoires. Quelques exemples d'injonctions :

- *On n'est pas là pour rigoler !*
- *La vie n'est pas une fête !*
- *C'est ceux qui travaillent dur qui gagnent.*
- *Il faut être le meilleur, mais dans notre société il ne faut pas se vanter, se prendre pour le meilleur. Il faut faire profil bas.*
- *C'est trop facile, ce n'est pas normal. Tu as eu 14, tu aurais dû avoir 16 avec tes facilités (variante : si tu avais travaillé...) !*
- *Ta réussite ne dépendrait-elle pas du hasard, des autres ou d'une chance insolente qui t'est donnée ?*
- *C'est mon devoir de parent de...*
- *Maintenant c'est plus de la rigolade : il va falloir mettre la gomme !*
- *Il faut travailler dur pour mériter de...*
- *Tu ne connais rien à la vie !*
- *Tu devrais être heureux car tu as la chance d'être un bon élève, parce que tu es intelligent.*
- *On t'aide avec des cours de soutien ; tous les enfants n'ont pas cette chance.*

Il faut savoir que le message que votre ado perçoit est souvent différent de celui que vous essayez de faire passer, parce qu'il le reçoit au travers du filtre de son besoin d'amour. Voici ce qu'il entend :

- *Comme je ne suis pas le meilleur, je suis nul.*
- *Ce que je fais n'a pas d'importance, seul le résultat compte.*
- *Est-ce que je corresponds à ce qu'on attend de moi ? Peine perdue, je baisse les bras.*

- *Prendre la parole, parler de ses expériences, c'est prendre le risque d'être jugé.*
- *On ne m'accepte pas comme je suis.*
- *On m'aime seulement si je suis bon élève.*
- *On ne m'aime pas car je ne réponds pas à l'attente des adultes ou de l'institution.*
- *Mon diplôme (bac techno…) ou ma filière (métier manuel…) sont le plus souvent dévalorisés autour de moi; je culpabilise, j'ai honte.*
- *Personne ne m'aime.*
- *On ne reconnaît pas mes talents, il en faut toujours plus!*

Votre ado s'imagine qu'il lui est interdit de se tromper pour ne pas vous décevoir et perdre votre amour. Or il a besoin d'amour et de moments de qualité pour développer estime et confiance en lui. Il a besoin d'apprendre à s'aimer lui-même pour pouvoir donner ensuite le meilleur de lui-même. Il a besoin d'un environnement valorisant et encourageant.

Dès l'enfance ou l'adolescence, ces injonctions nous projettent dans une course folle à la compétition, au « toujours plus » : plus de diplômes, plus de responsabilités, plus d'argent, plus de consommation… Le plus souvent au détriment de notre santé physique et mentale, de notre environnement, de notre qualité de vie mais aussi de celle des autres. Nous devenons prédateurs, tout en rêvant d'un patron compréhensif, d'un collègue bienveillant, d'une institutrice engagée et patiente, qui aurait du temps pour chaque enfant.

« J'ai peur de cette société axée sur la compétition et la concurrence, cette société qui ose nous dire : vous devez être des gagnants ! Mais qu'est-ce qu'un gagnant sinon un fabricant de perdants ? Je n'ai pas le droit de fabriquer des perdants… » Albert Jacquard

Où sont le bonheur et le bien-être des jeunes dans tout ça ? Ce que nous voulons tous, c'est d'abord qu'ils aient un travail qui leur plaise et suffisamment d'argent pour être autonomes. Nous aimerions qu'ils ne connaissent pas les pressions, les difficultés… Et pourtant nous leur assénons des injonctions en contradiction avec nos aspirations profondes. Je vous invite à en prendre conscience pour lâcher prise et revenir à l'essentiel.

Les résultats scolaires

L'importance que nous accordons aux notes scolaires est révélatrice de nos contradictions. Nous savons que les notes ne sont pas toujours le reflet du travail ou du niveau de notre enfant. Il y a plein de raisons à cela. Et pourtant, au moment où elles tombent, nous y attachons bien souvent une trop grande importance. Or elles ne sont qu'un outil de mesure, qui doit permettre d'avancer et donner lieu à un échange constructif. Alors mettez l'accent sur le moment d'échange. De plus en plus d'établissements scolaires demandent aux parents d'être présents à la remise du bulletin trimestriel. Profitez-en. Prolongez l'échange et gardez-vous de jugements trop hâtifs qui, bien souvent, font plus de mal que de bien.

On évitera ces petites phrases blessantes :

- *En travaillant plus, tu aurais eu une meilleure note.*
- *Beau travail, mais je suis sûr que tu peux mieux faire.*
- *Bravo, je suis fier de toi. Tu vois : quand tu veux, tu peux.*

EN PRATIQUE

À l'occasion de la remise du bulletin scolaire

- Trouvez des occasions d'encourager votre enfant.
- Faites-le parler des efforts qu'il a produits comme des moments de faiblesse qu'il a traversés.
- Aidez-le à mieux comprendre ses forces et ses faiblesses.
- Faites-le parler de ses envies.
- Invitez-le à imaginer ce qu'il pourrait mettre en place pour progresser.
- Renouvelez votre propre façon de faire pour encourager votre enfant à changer de comportement ou de méthodes de travail.
- Soyez à l'écoute.
- Acceptez que les choses prennent du temps.

- Acceptez de prendre des chemins détournés.
- Évitez de parler de l'école et des notes à tout moment.
- Ne le comparez pas à ses frères et sœurs.
- Apprenez à déléguer le soutien scolaire.

Croire en leurs talents

Ne sous-estimons pas les capacités des jeunes. Avec de la motivation, de l'entraînement et un minimum d'encadrement, tout adolescent est capable de se dépasser dans au moins un domaine : écrivain, créateur de start-up, pilote d'avion et bien d'autres ! Nous sommes souvent admiratifs de leur prestation artistique dans certaines émissions de télévision. Ne nous arrêtons pas là. Nos ados ont tous un talent ; rappelez-vous les huit formes d'intelligence (voir p. 57). Ceux qui passent à la télévision ne sont pas des exceptions dans le sens où chacun peut développer un talent particulier. Ce qui fait la différence tient souvent à deux paramètres : ils ont osé et des personnes de leur entourage ont cru en leur rêve.

Voici quelques exemples de jeunes dont le talent a été repéré très tôt :

- *Michelle Nkamankeng est une jeune Sud-Africaine de 7 ans. Elle a publié un livre d'une cinquantaine de pages, disponible sur un site mondial de vente de livres. « Plus que du livre lui-même, je suis fier de la capacité de Michelle à s'exprimer avec autant de confiance. » À travers son expérience, « d'autres enfants découvrent qu'il est possible de réussir des choses remarquables parce qu'ils ont un exemple, un modèle qui l'a fait », juge Colin Northmore, le directeur de son établissement scolaire et auteur de la préface de son livre*[1].
- *Alina Morse, 11 ans, est à l'initiative de la création d'une entreprise de sucettes dont elle est copropriétaire. Elle a fait un million de dollars de chiffre d'affaires en 2017. Même si son père l'accompagne dans cette aventure, c'est notamment elle et sa sœur qui conçoivent les nouveaux produits*[2].
- *Maël Trébaol, un Brestois de 15 ans, a passé avec succès son brevet d'initiation aéronautique. L'épreuve a eu lieu le jour de son*

1. « À 7 ans, Michelle est la plus jeune écrivaine d'Afrique », AFP et www.20minutes.fr.
2. Magazine « Compléments d'enquête », France 2, 11 octobre 2018.

anniversaire, âge minimum légal. Il a été reçu avec mention « très bien »[1].

- *Zuriel Oduwole, 14 ans, est déjà considérée comme la future Larry King, l'ex-journaliste vedette de la chaîne CNN. Elle réalise des films depuis l'âge de 10 ans et a déjà interviewé pléthore de chefs d'État et de grands patrons*[2].
- *Eliott Sarrey, 14 ans, est le premier lauréat français de la Google Science Fair*[3]. *Il a remporté le Prix incubateur récompensant les élèves âgés de 13 à 15 ans présentant un projet extraordinaire dans le domaine de la science. Un succès obtenu grâce à son robot jardinier nommé Bot2Karot. Le robot, qui « sait biner, arroser, repiquer, creuser des trous » grâce à des bras articulés, est piloté via une application sur smartphone.*

Plusieurs journaux s'intéressent à ce phénomène. Le magazine *Times* a établi sa liste des trente jeunes pousses les plus influentes du monde. *Le Petit Quotidien*[4] présente régulièrement des réussites de jeunes.

Tous ces exemples montrent que les résultats s'obtiennent en mettant de côté les inquiétudes, les envies de sécurité. Et en osant. Bref, en sortant de sa zone de confort physique et psychologique. La vie est un risque quotidien. Les échecs enseignent la valeur de l'effort et de la réflexion.

---

1. Nora Moreau, « Finistère : à 15 ans, il devient le plus jeune pilote d'avion de France », www.leparisien.fr, 2 avril 2018.
2. Julie Rambal, « Des adolescents superperformants qui oublient de faire leur crise », LeDevoir.com, 13 mars 2017.
3. Éléanor Douet, « Un jeune Français de 14 ans remporte un concours Google grâce à son robot jardinier », www.rtl.fr, 22 septembre 2015.
4. Journal des éditions Play Bac.

Laisser nos ados commettre des erreurs

Le travail des parents ne consiste pas à protéger les enfants des erreurs qu'ils peuvent commettre, ni à leur éviter toute difficulté ou désagrément. Être parent, ce n'est pas non plus anticiper tous leurs désirs et leurs besoins. Et ceci est encore plus valable à l'adolescence ! Notre rôle est plutôt de leur enseigner que les erreurs font partie de tout processus d'apprentissage. Ce n'est pas une tâche facile. Cela exige de notre part des capacités d'observation, de la patience et une intelligence intra- et interpersonnelle.

L'expérience comme outil d'apprentissage

« Oh, mon Dieu, vraiment ? Non, ce n'est pas un âge bête ! C'est une période dont les changements se manifestent par des prises de risque qui peuvent apparaître aux adultes comme des décisions stupides. Cela répond en réalité à une nécessité biologique. » Daniel Siegel[1]

Souvenez-vous ! À 18 mois, votre enfant partait à quatre pattes à l'aventure pour découvrir le monde qui l'entourait. Cela vous ravissait. Oh, bien sûr, il vous arrivait d'avoir un peu peur, même si vous saviez qu'il est possible et même souhaitable d'intervenir au minimum…

Eh bien, à l'adolescence, votre enfant retrouve cet appétit de découverte. Cette fois-ci, il ne s'agit plus des meubles du salon ou du bac à sable, mais du vaste monde : l'ailleurs, les autres, les différences… Je vous encourage à retrouver votre émotion, presque votre attendrisse-

1. Dr Daniel Siegel, *Le Cerveau de votre ado. Comment il se transforme de 12 à 24 ans*, Les Arènes, 2018.

ment, de jeune parent devant votre bébé. Prenez plaisir à l'observer se lancer à l'assaut du monde. Il risque de faire des erreurs ? Oui, bien sûr. Et je dirais même que tous les adolescents doivent faire l'expérience des conséquences de leurs actes. C'est ce qu'il y a de plus formateur, voire de plus efficace. Vous le savez probablement, mais vous appréhendez d'autant plus que les risques vous semblent plus grands. En êtes-vous si sûr ? Vous avez pourtant bien appris à les affronter, ces « dangers ».

Et si votre rôle de parent, plutôt que d'empêcher votre adolescent d'affronter ces dangers, était au contraire de lui apprendre comment en tirer un bénéfice ? Il ne s'agit plus de lui donner des poissons, il ne s'agit même plus de lui apprendre à pêcher (comme dit le proverbe chinois[1]). Il s'agit désormais de lui apprendre à reconnaître ses besoins et à trouver des solutions – les siennes –, pour les satisfaire. Votre enfant doit apprendre à rebondir. C'est une compétence clé pour son avenir. Il n'est jamais trop tôt pour commencer à l'acquérir.

> *Exemple : votre ado perd sa carte de transport. La première fois, vous l'accompagnez pour la faire refaire. Et vous l'avertissez : « Comme tu viens d'apprendre à refaire faire ta carte, la prochaine fois, tu iras seul. » (En fonction de son âge et/ou de votre sensibilité sur le sujet, les frais pourront aussi être retenus sur son argent de poche).*

Il ne s'agit pas de menacer ni de culpabiliser ; il s'agit d'apprendre.

> *Étonnamment, quinze jours plus tard, il perd à nouveau sa carte. Eh bien, voilà le moment d'appliquer ce qui a été appris, y compris s'il doit s'acquitter d'une amende. Si vous le jugez « un peu jeune pour penser à ces questions pratiques », il n'apprendra jamais !*

Et ce principe peut s'appliquer pour tout : un téléphone portable cassé, un rendez-vous chez le médecin, du matériel scolaire, etc. Qui plus est, pour tout ce qui concerne les objets de consommation, vous

1. Proverbe chinois : « Si tu donnes un poisson à un homme, tu le nourris aujourd'hui ; si tu lui apprends à pêcher, tu le nourris toute sa vie ».

transmettez un message : on ne remplace pas ces objets infiniment sans conséquences. La planète vous remerciera !

Et comme toujours, agissez en fonction de l'âge de votre enfant. À 11 ou 12 ans, le laisser prendre un TGV seul est probablement un peu prématuré – sauf si vous êtes présent au départ et qu'un adulte le récupère à l'arrivée. En revanche, à 15 ou 16 ans, non seulement il est capable de prendre un billet et un train seul (ce qui n'exclut pas de le guider, au début, dans le labyrinthe des différents tarifs, des billets échangeables ou non, etc.), mais c'est lui qui devra s'organiser s'il rate le départ : prévenir les personnes concernées, payer un supplément pour changer le billet ou trouver des solutions alternatives… N'oublions pas que notre environnement est devenu extrêmement protégé : caméras, contrôles, présence de différentes autorités, etc.

Corentin, 17 ans, s'est retrouvé sans argent dans un aéroport étranger : il a su demander les trois sous du ticket de transport en commun pour rejoindre un oncle. Sans jamais paniquer. On peut espérer qu'il aura ainsi appris à prévoir plusieurs solutions de paiement pour que cela ne lui arrive plus…

À quel âge votre ado saura-t-il rédiger un CV et une lettre de motivation seul ? Et si vous le laissiez se débrouiller dès sa recherche de stage de découverte en troisième ? Bien sûr, ce sera plus long, et peut-être moins bien écrit, mais l'authenticité de la démarche ne pourrait-elle pas être appréciée d'un premier employeur ? Quels sont les vrais enjeux à ce stade : décrocher un stage mirobolant pour épater les copains – ou, pire, *vos* copains ? Ou mener un projet A à Z et en retirer un enseignement et un savoir-faire utiles pour la suite ? J'ai rencontré des parents qui rédigeaient encore les lettres de motivation de leur enfant de 23 ans à la sortie de leur école de commerce. Souhaitez-vous assumer encore cette charge quand ils auront cet âge-là et, surtout, souhaitez-vous conserver cette sorte d'emprise sur vos enfants ?

La plupart de nos peurs, légitimes, ne seraient-elles pas disproportionnées ? Que ce soit pour les risques de la rue ou ceux de la vie future, en particulier de la vie professionnelle. Ne laissons pas nos propres craintes gagner nos jeunes. Prenons l'exemple des sports qui leur procurent de l'adrénaline : quand ils étaient enfants, ils s'éclataient en trottinette. Aujourd'hui, ils préfèrent l'art des *yamakasi* (l'acrobatie urbaine) ! Pourquoi ne pas inscrire votre ado dans un club d'un de ces sports nouveaux ? Il y apprendra au moins autant la gestion des risques que le sport qu'il sera venu chercher. Ce sera un plaisir pour lui – même un besoin. Encouragez son envie de bouger et de repousser ses limites en l'orientant vers une structure où la pratique est encadrée, où il apprendra les règles de préparation de son corps et de son matériel.

J'irai encore plus loin : laissez faire votre ado même si vous savez qu'il n'y arrivera pas ou que c'est mal parti. La seule chose importante, c'est d'être présent quand il vous le demandera ou d'accueillir ses déceptions, ses chagrins. Il est certes difficile d'apprendre de ses propres erreurs, mais ce qui est sûr c'est qu'on n'apprend pas ou très peu des erreurs des autres ou des injonctions reçues.

> *Violaine a le sentiment d'être exclue de la vie de sa fille qui ne lui demande pas de conseils, voire refuse d'écouter ceux qu'elle lui donne. « Nos relations sont tendues. Elle me repousse », avoue-t-elle.*

Cette situation est très courante. Elle témoigne beaucoup plus de l'envie de l'adolescent de faire par lui-même que de s'opposer. Il a besoin de se construire. Ce besoin est tellement profond qu'il peut parfois s'exprimer en s'opposant à ce que vous avez en tête ou à ce que vous lui proposez. Mais ce n'est pas vous qu'il rejette. Écoutez ce qu'il dit avec distance. Accueillez ce besoin qu'il a de faire à sa façon.

Peut-être avez-vous un discours trop protecteur ou trop moralisateur ? Recherchez le besoin exprimé par votre ado, au-delà de ses demandes ou même de ses crises d'agressivité. Réajustez vos interventions, votre façon d'être avec lui. Utilisez l'intelligence émotionnelle (p. 126) pour nourrir votre relation et apprenez à bien communiquer (voir p. 219).

Exiger n'est pas stresser

L'échec scolaire est la première cause d'angoisse des jeunes : 69 % chez les filles et 59 % chez les garçons[1]. Alors, les professeurs et les parents exercent-ils trop de pression ? En posant cette question, je fais bien la distinction entre pression et exigence. La pression découle d'une demande brute, déconnectée de la personnalité ou du potentiel du jeune, imposée sans discernement... Attention à nos demandes quand elles frisent le perfectionnisme, qui cache bien souvent une peur de l'échec : peur de se sentir mal jugé, de passer pour un incapable. Dans la vie professionnelle, nous savons que le perfectionnisme peut conduire au mal-être. Or le perfectionnisme des parents conduit souvent les jeunes au perfectionnisme.

L'exigence, au contraire, consiste à faire appel au meilleur de la personne : à repérer un talent chez l'ado et à l'encourager à se dépasser. Maria Montessori disait : « Ne faites jamais pour un enfant ce qu'il est capable de faire seul[2]. » Soyez donc attentif aux capacités de votre enfant, car il serait vraiment dommage de ne pas lui demander de les exprimer ! Ramy Mahmoud observe que nous vivons dans une société de « satisfaction immédiate » et déplore que les parents se substituent à leurs enfants quand des efforts leur sont demandés – ils font à leur place[3].

1. Maria Montessori, *L'Enfant* [1936], Denoël-Gonthier, 1971.
2. *Ibid.*
3. Ramy Mahmoud, « Let's teach our kids to "fail forward" », TEDx Talks, juin 2014.

OUTIL

Fixer un objectif

Si vous sentez que votre ado est inquiet face à un objectif qui lui a été fixé (par l'école, par vous ou par d'autres…), je vous invite à l'accompagner en quatre temps :

- ne négligez jamais sa souffrance ;
- essayez de repérer l'origine des difficultés ;
- questionnez-le pour lui permettre de comprendre ce qui s'est passé et pour trouver avec lui des solutions ;
- proposez-lui un objectif SMART(E), c'est-à-dire **S**imple (ou Spécifique), **M**esurable, **A**cceptable, **R**éaliste (donc atteignable) et limité dans le **T**emps. J'ajoute le E d'**É**cologique, c'est-à-dire respectueux de soi, des autres et de l'environnement.

Progresser

Votre ado a essuyé un échec ? Je vous invite à accueillir l'événement avec lui puis à l'accompagner dans l'analyse de ses erreurs, sans aucun jugement. Pour aider votre adolescent à progresser, il vous faut :

- l'inviter à prendre conscience de ses pensées négatives et surtout à accueillir ses émotions ;
- l'aider à porter un regard sur ce qui s'est passé, à analyser les causes probables de l'échec ou de l'erreur ;
- l'inviter à réajuster ses façons de faire, à mettre en place des éléments qui permettront d'éviter que cela se reproduise ;
- et vous parents, parlez aussi de vos échecs !

EN PRATIQUE

Aider son ado à analyser ses échecs et ses réussites

Questionnez votre ado pour l'aider à progresser :

– « Qu'est-ce que tu ne sais pas encore faire et que tu aimerais savoir faire ? »
– « Qu'est-ce que tu sais déjà faire et qui pourrait te servir ? »
– « Qu'est-ce que tu peux faire pour t'en rapprocher un peu plus ? »
– « Quels seraient les obstacles qui pourraient t'en empêcher ? »
– « Quelles stratégies pourrais-tu appliquer ? »
– « Comment font les autres ? Comment peux-tu utiliser leurs stratégies ? »
– « De quoi as-tu besoin pour t'entraîner ? »

Apprenez-lui à se questionner lui-même après un échec pour rebondir :

– « Qu'est que je voulais faire ? »
– « Qu'est-ce qui n'a pas fonctionné ? »
– « Quels ont été les obstacles ? »
– « Qu'est que cela m'apprend ? »
– « De quoi aurais-je eu besoin ? »
– « Qu'aurais-je pu faire différemment ? »
– « Avais-je bien compris les consignes ou les objectifs ? »
– « Qu'est-ce que je peux changer la prochaine fois ? »

N'hésitez pas non plus à utiliser l'outil des « 3 dessins » (voir p. 80).

RESSOURCE

Le cahier des échecs et des réussites

Un outil très puissant à lui tout seul : faites tenir à votre ado un cahier où il décrira ses échecs et ses réussites, dans quelles circonstances ils sont survenus et ce qu'il a ressenti. Il pourra utiliser les questions énumérées ci-dessus.

Passer par l'écrit donne l'occasion de revenir sur le sujet : un mois ou un an après, votre ado relira l'ensemble avec un regard neuf et apprendra beaucoup sur lui-même.

INSPIRATION

Quelques citations inspirantes

– « Il n'y a pas de réussites faciles, ni d'échecs définitifs » **Marcel Proust**
– « L'échec est l'épice qui donne sa saveur au succès » **Françoise Gründ**
– « Punir l'échec est le meilleur moyen pour que personne n'ose » **Jack Welch**
– « La seule différence entre succès et échec est la capacité à entrer en action » **Alexander Graham Bell**
– « Nous apprenons la sagesse à partir de nos échecs plus que de nos succès » **Sénèque**
– « Le succès, c'est aller d'échec en échec sans perdre son enthousiasme » **Winston Churchill**
– « L'échec est seulement l'opportunité de recommencer d'une façon plus intelligente » **Henry Ford**

Renforcer leur estime

L'adolescent cherche de nouveaux repères (ou repaires !) et vous avez dû remarquer combien ses amis prennent de l'importance dans sa vie. Il se compare plus facilement aux autres ; il a besoin d'appartenir à un groupe et pour cela de s'y rattacher, notamment à travers un code vestimentaire.

Le groupe d'amis est une question importante car il met en jeu non seulement l'estime de soi mais aussi les valeurs, l'identité, l'autonomie… Beaucoup d'adolescents se créent un groupe d'amis avec lesquels leurs parents ne risquent pas d'entrer en contact, et avec les parents desquels ils risquent encore moins d'entrer en contact. Je le rappelle : il convient d'être attentif pour que votre enfant ne se laisse pas entraîner dans des comportements répréhensibles tels que la consommation de substances nocives (voir le chapitre sur les addictions p. 95). Pour être intégré à un groupe, l'adolescent peut être prêt à faire des choses peu avouables, voire dangereuses ou interdites par la loi. Bien souvent, il nous signale ainsi inconsciemment que ses besoins ne sont pas satisfaits. Et le premier de ces besoins est de faire et d'être acteur.

Le changement de groupe d'amis ne justifie pas à lui seul que vous preniez peur, mais plusieurs changements de comportement doivent vous alerter. Être attentif ne veut pas dire tout contrôler ni intervenir pour tout. Il se peut même qu'avec son nouveau groupe d'amis votre ado expérimente un style de vie porteur de valeurs différentes des vôtres. Nous sommes là au cœur du sujet. Vous savez que votre ado doit faire son chemin, trouver son style, construire son identité. C'est maintenant que cela commence. Et vous y opposer serait probablement inefficace. À moins que vous ne cherchiez à façonner un ado soumis. Il vaut mieux développer son esprit critique, lui apprendre à prendre du recul pour ne pas accepter tout et n'importe quoi, pour ne pas obéir aveuglément. Ce qui est valable dans ses relations le sera aussi dans sa façon de consommer, dans sa vie professionnelle, etc.

Lucie, 13 ans, se passionne pour le hard-rock. Devant les réticences de ses parents pour ses nouvelles fréquentations, elle s'est documentée sur les origines et les évolutions de cette musique. Elle leur a prouvé par son comportement qu'elle pouvait faire la fête sans agressivité, qu'elle savait aussi écouter des styles de musique plus conventionnels. Elle a pris assez de recul pour ne pas se laisser « embrigader », tout en poursuivant sa quête.

Par ailleurs, cette même adolescente, quelques mois plus tard, a su rallier ses parents à son point de vue en les incitant à réduire leur consommation de viande. De leur côté, ses parents ont fait preuve d'ouverture d'esprit en écoutant ses arguments. Le dialogue n'a pas été facile tout de suite. Ils ont posé une limite : « Ce n'est pas toi qui vas imposer ton nouveau comportement au reste de la famille. Tes arguments pour réduire la consommation de viande sont valables, mais passer du "tout viande" au "zéro viande" est excessif. Nous n'admettons pas que tu nous interdises d'en manger juste parce que tu viens de découvrir le discours végane. » Ils ont ainsi évolué sans pour autant adhérer complètement aux nouvelles valeurs de leur fille.

Entendez bien ce que je dis là. Ce qui est primordial, c'est l'écoute, le respect des choix de chacun. Le fait d'adhérer à de nouvelles valeurs n'est pas l'essentiel dans cet exemple. C'est la construction de l'identité de l'ado qui est en jeu. Et s'il y a bien une valeur à retenir, c'est le respect de l'autre. C'est à ce moment-là que cette valeur se met en place. En acceptant les choix de votre ado, vous admettez qu'il se construise différemment de vous, vous le reconnaissez. Et si les choix qu'il fait vous sont difficiles à accepter, la clé pour prendre de la distance, c'est de faire la différence entre ce qu'il est et ce qu'il fait. Rappelez-vous combien il est important de l'assurer de votre amour inconditionnel (voir p. 164).

En faisant cet effort sur vous-même, vous lui ferez un cadeau fabuleux : l'estime de soi, c'est-à-dire l'image positive qu'il a de lui-même. L'estime de soi est le « degré selon lequel un individu s'aime, se valorise et s'accepte lui-même[1] ».

Les petites phrases assassines comme « Tu es nul », « Tu es incapable », « Tu ne ressembles à rien », « Tu es lent », « Tu es maladroit », les moqueries sur leur physique ont, durant cette période de l'adolescence, un fort impact émotionnel sur les jeunes. Ils peuvent être très influençables. Vous serez donc particulièrement attentif à la façon dont vous parlez d'eux et même à vos pensées. J'aime à dire que nos enfants deviennent ce que nous pensons d'eux et ce que nous disons d'eux. Et c'est encore plus vrai à l'adolescence.

Selon la sociologue Nathalie Nadaud-Albertini[2], les enfants subissent aujourd'hui des pressions et des injonctions parentales dont ils étaient préservés auparavant. Ces injonctions à réussir socialement, à décider soi-même de son avenir et à « inventer sa vie » leur sont faites désormais à un âge où ils n'ont pas les outils pour assumer une telle responsabilité. Les enfants sont pris dans les attentes des parents qui leur demandent de poursuivre leurs rêves, leurs passions, etc. avant même qu'ils aient pu les définir.

Est-ce compatible avec l'idée de leur laisser conquérir leur autonomie ? Oui, car il ne s'agit pas de leur ouvrir les portes d'un monde qu'ils ne connaissent pas sans leur donner des repères et des outils. On ne laisse pas quelqu'un au milieu du désert sans conseils techniques et sans boussole !

Alors comment faire concrètement pour nos ados ? Donnons du temps au temps ! La construction des rêves, la connaissance de soi et la capacité à passer à l'action sont un processus lent et progressif.

---

1. Carl Rogers, *Client-centered therapy*, Houghton Mifflin, 1951.
2. Nathalie Nadaud-Albertini, « Hausse des troubles mentaux chez les enfants : pourquoi les adultes en sont lourdement responsables », www.theworldnews.net, mai 2018.

On avance en faisant des essais et des erreurs. Mais avec un moteur qui gagne en puissance : l'estime de soi.

Les freins au développement d'une bonne estime de soi

Certains comportements des parents et des éducateurs freinent le développement de l'estime de soi des ados :

- l'utilisation de la comparaison et de la compétition ;
- la surprotection (qui confirme à l'enfant son incapacité et l'empêche de devenir autonome et responsable) ;
- les jugements négatifs, les étiquettes péjoratives, le dénigrement, les paroles blessantes, les humiliations, etc. ;
- le manque d'investissement des parents et de l'entourage dans la relation avec l'ado ;
- les exigences et les attentes disproportionnées des parents et de l'entourage de l'ado à son égard ;
- le manque de stimulation pour aider l'ado à se développer ;
- notre culpabilité de parent ;
- le manque d'amour inconditionnel ;
- nos peurs de parent.

Les jeunes eux-mêmes peuvent entrer dans un cercle vicieux de manque d'estime de soi, non pas pour des raisons qui leur sont extérieures, mais par leurs postures, leurs comportements, souvent inconscients, certes, mais qu'ils peuvent choisir de dépasser… surtout si vous les y aidez :

- le manque de confiance en général ;
- un sens de la perfection exagéré ;
- un vécu très douloureux de l'échec ;
- la tendance à se comparer aux autres ;
- la difficulté à s'affirmer, à donner son opinion ;
- la difficulté à dire non, à mettre des limites ;
- les comportements d'autosabotage ;
- les addictions et la recherche de paradis artificiels ;
- la difficulté à se projeter dans l'avenir.

- des comportements coléreux, agressifs et destructeurs ;
- la dépression, la déprime, le découragement ;
- la difficulté à ressentir, accepter et nommer ses émotions ;
- l'influençabilité ;
- le découragement rapide ;
- le manque de ténacité ;
- une insécurité permanente.

L'un ou l'autre de ces comportements pris isolément n'est pas significatif. Mais quand plusieurs de ces comportements se répètent, ils se renforcent, et cela n'est pas sans conséquences pour l'adolescent. Alors il est temps que vous interveniez pour l'aider à sortir du cercle vicieux.

L'estime de soi se construit dès l'enfance. Pendant l'adolescence, elle peut s'affirmer mais aussi s'abîmer. C'est une belle énergie qui permet d'avancer dans la vie. C'est une énergie « renouvelable » : il faut en prendre soin. L'ado a aussi besoin d'un regard bienveillant posé sur lui. L'estime de soi se nourrit du regard de l'entourage, des mots, des gestes, des encouragements positifs[1]. L'estime de soi diminue au contraire face aux remontrances, aux humiliations et même à la violence ordinaire. De nombreuses recherches montrent en effet qu'aider les ados à développer une bonne estime de soi est au cœur de toute stratégie visant à les prévenir de multiples risques : décrochage, difficulté d'apprentissage, délinquance, abus de drogue et d'alcool, suicide, etc.

L'estime de soi se nourrit de la connaissance de soi. Par exemple : « Je suis très impulsif quand je prends des décisions », « J'ai l'esprit de compétition », etc. Elle nous permet de nous définir : dans la quête de notre identité, elle nous aide à nous accepter en valorisant nos qualités. D'ailleurs, tout comme connaître ses atouts, connaître ses lacunes est une force.

1. Un exemple de prophétie réalisatrice ou d'effet Pygmalion poussé à l'extrême nous est donné par la mère de l'écrivain Romain Gary (voir *La Promesse de l'aube*).

Favoriser l'estime de soi de son ado

- Tout d'abord, ne vous dévalorisez jamais, parce qu'il y a un grand risque que notre ado vous imite et qu'il se dévalorise à son tour. Bannissez complètement ce type de vocabulaire :
  - *Je suis nul, je n'y arriverai pas.*
  - *Ce n'est pas pour moi.*

  J'insiste. Je parle bien de ces petites phrases qui trahissent l'estime que vous avez de vous-même, vous, parent. Comment lui transmettre une bonne estime de lui-même si vous ne vous estimez pas ? Vous devez également faire attention aux petites remarques qu'il fait sur lui-même et l'encourager à être attentif à la qualité de ses pensées.

En revanche, adoptez les comportements suivants :

- Répondez à ses besoins profonds, en travaillant à les comprendre.
- Soyez à l'écoute de ses sentiments, de ses idées et de ses opinions.
- Encouragez sa curiosité et permettez-lui d'explorer de nouveaux domaines.
- Posez des limites.
- Acceptez qu'il puisse dire non.
- Prenez en compte ses difficultés.
- Aidez-le à prendre conscience de ses actes et de leurs conséquences.
- Proposez des objectifs réalisables (cf. l'objectif SMART(E), p. 202).
- Portez un regard positif sur lui.
- Renforcez votre écoute en jouant un rôle de miroir positif.
- Créez un sentiment de sécurité.
- Développez une relation de confiance.
- Créez les conditions d'un sentiment d'appartenance (notamment en partageant des moments de qualité).
- Établissez des règles familiales et scolaires peu nombreuses mais claires.
- Découvrez ses intérêts et responsabilisez-le.
- Aidez-le à prendre conscience de ses qualités et de ses talents ; nommez ses compétences ; insufflez un sentiment de compétence.
- Encouragez-le à mieux se connaître.

- Mettez des mots sur ses angoisses.
- Tenez les promesses que vous lui faites !
- Favorisez son autonomie ; aidez-le dans ses initiatives.
- Soulignez ses efforts et ses succès.

Ce que vous pouvez faire pour progresser en même temps que votre ado :

- Apprenez à ne plus avoir honte de vos faiblesses : elles peuvent devenir des forces en persévérant.
- Apprivoisez vos peurs.
- Progressez avec lui dans l'intelligence émotionnelle.
- Développez la communication non violente : il l'apprendra par imitation.
- Échangez, partagez des moments de qualité.
- Accueillez et encouragez toute initiative, pas seulement les siennes (celles d'un frère, d'une cousine, d'un voisin, d'une association, d'un élu local, d'une entreprise, d'une star qu'il connaît…).
- Parlez aussi bien de vos rêves que de vos doutes.
- Montrez vos fragilités, mais à petites doses, sans vous appuyer sur lui.
- Acceptez les désaccords : acceptez qu'il ne partage pas votre avis.
- Vivez d'abord vous-même les valeurs que vous souhaitez lui transmettre !
- Transmettez-lui le sens de l'effort (et non celui de la performance).
- Soyez d'humeur égale, autant que possible.
- Reconnaissez vos mauvais choix et assumez-les.

Des repères pour vous qui auront une répercussion positive sur votre ado :

- « Je suis cohérent entre ce que je pense, ce que je dis et ce que je fais. »
- « Je reste fidèle à mes idées malgré les pressions extérieures… mais je sais me remettre en question au moment opportun. »
- « J'apprends à gérer mon stress. »

Des objectifs à partager avec votre ado :

- Être moins dépendant l'un de l'autre.
- Vivre des expériences variées.
- Faire des choix.
- Accepter ses erreurs et les voir comme des occasions d'apprendre.

Faire confiance

On dit « accorder sa confiance » et même « donner sa confiance » à quelqu'un. Pourquoi ? Parce que la confiance est un cadeau que l'on fait à l'autre ou que l'on reçoit de l'autre.

Faire confiance, c'est s'appuyer sur l'autre malgré ses faiblesses et nos doutes. Il est normal de douter quand il s'agit de faire un choix. Mais une fois que le choix est fait, le doute n'a plus sa place, sinon il empêche d'avancer, d'agir, il grignote la confiance.

Quand on parle de confiance, on pense aussi à la confiance en soi. Très proche de l'estime de soi, la confiance en soi est davantage de l'ordre du faire (quand l'estime de soi est plus de l'ordre de l'être) : elle se nourrit de la confiance que l'autre nous accorde et nous rend capables d'agir.

Il existe deux obstacles importants à la confiance en soi : l'impatience et la frustration. Pour permettre à l'adolescent d'acquérir une bonne confiance en lui, aidez-le à développer sa patience et sa capacité à surmonter les petits obstacles de la vie quotidienne. Pour cela, laissez-le faire ses propres expériences et accueillez ses frustrations avec beaucoup de douceur. Y compris quand elles viennent de votre décision, d'autant qu'il ne la comprend pas toujours !

La confiance en soi est un cadeau que l'on reçoit dans sa famille, en premier lieu de ses parents (on en hérite parfois des générations précédentes). Puis elle se développe sous le regard des autres, ce qui la renforce. Parents, vous êtes les mieux placés pour offrir ce cadeau à votre jeune.

Emma est une jeune collégienne qui se débrouille plutôt bien. En français et en orthographe, elle a de bonnes notes. Pourtant, sa mère exige davantage encore d'elle dans cette discipline, car pour elle l'orthographe est indissociable de la notion d'excellence. Les tensions montent. La mère a même le sentiment que sa fille lui échappe. Et Emma perd pied de plus en plus souvent, et pas seulement en orthographe. Par « contagion », le conflit s'est propagé à d'autres matières. Heureusement, la maman a conscience qu'une des clés pour inverser la tendance est de reconnaître les qualités de sa fille en orthographe. Elle n'est pas parfaite. Soit ! Mais il est plus efficace de lui dire : « Je vois que tu débrouilles bien en orthographe, ça fait plaisir, je suis d'accord pour que tu portes tes efforts sur d'autres disciplines pour le moment. » Quand la fille aura réussi dans d'autres matières, la mère pourra inviter sa fille à porter à nouveau ses efforts sur le français.

Au lycée, à l'approche des examens, il est plus facile d'exiger de son ado un effort véritable (il peut être intéressant de lui proposer un stage par exemple). Ou plus tard encore, à l'heure des premières lettres de motivation ! Car alors l'objectif est concret et motivant pour lui.

Dans l'entreprise, on dit que la confiance n'exclut jamais le contrôle (même si certains commencent à dire que le contrôle est souvent exagéré, improductif, voire superflu ; c'est l'intuition initiale de l'entreprise dite « libérée » ou « agile »). Élever un ado, ça n'est pas manager des salariés : il peut sans doute y avoir une sorte de contrôle, à condition d'avoir cultivé en amont une relation d'amour, d'avoir posé un regard positif, un regard aimant. J'ai écrit plus haut que l'estime de soi était un moteur (voir p. 208). Si je prends une autre image, je dirais que l'estime de soi est à l'ado ce que la sève est à la plante, et que la confiance en est le soleil et la pluie réunis.

Encouragez votre ado à identifier ses besoins et à les satisfaire. S'il n'y répond pas selon vos critères, peu importe. C'est le chemin pour apprendre à s'aimer, à se connaître et à être autonome. Et ce chemin, il l'empruntera avec d'autant plus d'énergie, de facilité, de persévérance que vous lui accorderez votre confiance. Chaque ado est unique. Chaque fois que vous le reconnaîtrez comme unique en lui accordant votre confiance, il vous montrera de quoi il est capable, et en quoi il est unique et digne de votre amour.

Et si vous manquez de confiance dans l'avenir (que ce soit votre avenir ou celui de la société, ce qui est légitime par ailleurs), vous pouvez veiller à ne pas transmettre vos craintes à votre enfant. Il est un acteur du monde de demain. Pour qu'il y contribue de façon constructive et prépare un bel avenir, rien de mieux que de l'éduquer à la joie, de lui donner confiance en lui, de l'aider à se connaître et à exprimer ses talents. Et non de l'élever dans la résignation et la peur. La joie et la colère sont des émotions qui font partie des énergies du changement.

Martine était souvent inquiète pendant les études de son fils : un CAP puis un BMA d'ébénisterie en alternance. Elle a pris sur elle pour ne pas lui transmettre ses inquiétudes. Il a fait mieux que tout ce qu'elle pouvait imaginer. Il a trouvé son premier emploi à l'issue d'un voyage de tourisme en Asie, sans avoir envoyé un seul CV. Il travaille au Cambodge, dans une entreprise créée par un Français. Et on lui a tout de suite confié des responsabilités qu'il n'aurait pas eues en France.

Réussir ensemble

Il est courant de dire que la loi de la nature, c'est la loi du plus fort. Celle-ci découle principalement de l'observation de la sélection naturelle. Mais il existe une autre loi dans la nature que les scientifiques mettent de plus en plus en évidence : « Seul, on n'est rien. » Un des plus beaux exemples nous est offert avec ce que nous révèle l'écosystème de la forêt. Même si le terme est inapproprié, on a découvert par exemple que les arbres « communiquent » entre eux : quand une maladie (ou l'invasion d'un insecte…) frappe un spécimen à un endroit de la forêt, celui-ci est parfaitement capable de transmettre l'information à ses semblables pour qu'ils s'y préparent et se défendent mieux. De la même façon, les arbres échangent des nutriments entre eux, mais également avec d'autres espèces, en particulier les champignons. Plus les scientifiques creusent le sujet, plus les découvertes de ce type se multiplient.

Rappelons-nous ce magnifique proverbe : « Seul, on va plus vite ; ensemble, on va plus loin. »

Le système scolaire actuel prépare, hélas, très mal à la coopération. Les premières brèches faites récemment dans le sacro-saint examen des connaissances personnelles commencent tout juste à apparaître mais rencontrent de fortes résistances.

En attendant donc une évolution de ce côté, ne manquez pas les occasions de montrer à votre ado comment on réussit en équipe. Vous pourrez aisément lui raconter les exploits de telle ou telle équipe sportive pour lui prouver quel point « le collectif » joue un rôle important.

L'exemple récent le plus fameux est bien sûr celui de l'équipe de France masculine de foot, championne du monde en 2018, vingt ans après sa première victoire. Il est très probable que cette réussite tienne à deux qualités du groupe : la cohésion et la solidarité… comme pour leurs aînés en 1998 ! Parlez-leur d'Aimé Jacquet, devenu gourou du management pour avoir su fédérer le groupe, et ce malgré les nombreuses critiques qu'il a essuyées au départ ! Parlez-leur de la filiation entre Aimé Jacquet et Didier Deschamps…

Et si le foot n'est pas votre tasse de thé, vous trouverez certainement d'autres domaines dans lesquels l'esprit d'équipe, la cohésion, la solidarité font des miracles. Les grandes récompenses scientifiques sont de plus en plus souvent accordées à des équipes. Ainsi le prix Nobel de la paix a-t-il été attribué en 2007 au Groupe d'experts intergouvernemental sur l'évolution du climat (Giec). Même la voile en solitaire ou les échecs se pratiquent, à très haut niveau, avec une équipe de soutien parfois très fournie. La multidisciplinarité, la capacité de travailler ou d'agir avec des gens différents sont des valeurs montantes. Votre ado en aura probablement besoin à l'avenir. Dites-le-lui. Qu'il ne découvre pas « trop tard » que grimper seul – voire en écrasant les autres – est de plus en plus risqué.

6

BIEN COMMUNIQUER

Les freins à la communication

Chaque fois que l'humain découvre une nouvelle espèce vivante, la première chose qu'il fait, c'est de la nommer. Ensuite seulement, il se préoccupe de la comprendre, de l'exploiter et peut-être (aujourd'hui notamment) de la protéger. Mettre des mots – et de préférence des mots justes – sur une chose ou un concept est d'une importance capitale. Cela permet de l'identifier, de l'appréhender, d'en parler… On se nourrit de mots : les mots nous mettent en relation avec le monde et avec les autres – même s'il y a bien d'autres supports que les mots pour communiquer. La plupart d'entre nous n'avons pas appris à bien communiquer, c'est-à-dire à communiquer avec le cœur, en exprimant toute notre pensée… Cela s'apprend.

Selon Jacques Salomé, grand spécialiste de la communication, nos besoins relationnels sont au nombre de sept. Et les deux premiers touchent à la communication :

- besoin de se dire ;
- besoin d'être entendu ;
- besoin d'être reconnu (tel que je suis) ;
- besoin d'être valorisé ;
- besoin d'avoir son jardin secret ;
- besoin de créer, de réaliser ;
- besoin de rêver[1].

1. Jacques Salomé, *T'es toi quand tu parles*, Albin Michel, 1991.

REPÈRES

Les comportements d'affirmation de soi de son ado

Pour s'affirmer, votre ado utilise des stratégies variées, même si ce n'est pas la meilleure façon de s'y prendre :

- **Le conflit** ouvert, par lequel il laisse exploser sa colère, s'oppose à tout, critique vos choix ; il a un besoin de confrontation pour tester son propre pouvoir.
- **Le mensonge** pour éviter la confrontation, dépasser la limite qui lui semble injuste ou inadaptée, pour vous toucher ; par exemple, il se rend chez sa petite amie alors qu'il vous a promis qu'il réviserait ses maths chez son meilleur copain.
- **La manipulation**, par laquelle il cherche à faire ou à obtenir ce qu'il veut sans contrainte. Il teste son pouvoir de séduction et les limites de la vérité : il cherche à savoir ce qu'il peut dire, ce qu'il peut taire.
- **La résignation** (fréquent) : il va se plier à vos exigences, sans s'autoriser à rêver, à explorer de nouvelles idées, à se les approprier. Il ne prend aucun risque, pour avoir la paix.

Ces comportements sont de la responsabilité à la fois des parents et de l'adolescent. Or ils abîment le lien d'attachement ; ils pourrissent des situations qui finissent par toucher toute la famille. Ils font perdre la confiance, nuisent à l'estime de soi des uns comme des autres.

Ce ne sont pas des stratégies calculées, raisonnées. Ce sont des comportements inconscients, des réponses maladroites à des besoins réels et profonds. Et ce sont souvent des maladresses de communication qui ne permettent pas une véritable relation, comme nous l'avons vu plus haut.

REPÈRES

Les 12 freins à la communication

1. Donner des ordres, diriger, commander

Dire aux autres ce qu'ils doivent faire, imposer son idée en étant convaincu qu'il n'y a pas d'alternative.

> *« Il faut te remettre au travail ! »*

2. Avertir, mettre en garde, menacer

Utiliser la menace pour garder le contrôle sur l'autre.

> *« Tu ferais bien de te mettre au travail, sinon je t'interdis de sortir ce soir ! »*

3. Moraliser, prêcher, faire la leçon

> *« Ce n'est pas la peine de m'expliquer ; je sais très bien comment il faut faire ; je l'ai fait avant toi ! »*

4. Ne pas écouter avant de conseiller et de donner des solutions

Projeter ses propres émotions ou ses solutions avant d'avoir pris le temps d'écouter l'autre.

5. Argumenter, expliquer, persuader par la logique

Tenter de convaincre l'autre qu'on a raison, par l'argumentation et la logique. Obliger l'autre à argumenter et à se défendre à son tour.

> *« Je t'explique : tu devrais commencer par ce côté, puis celui-là. Parce que tu verras mieux ce qui se passe. Et je te défie de trouver une meilleure solution ! »*

6. Juger, critiquer, blâmer

Hiérarchiser et donner une opinion dévalorisante, surtout si elle porte sur la personne et non sur les faits.

> *« Tu es trop lent et tu te mets toujours au travail en retard. »*

7. Complimenter en flattant

Utiliser la flatterie pour obtenir quelque chose de l'autre.

8. Humilier, ridiculiser, dire des mots méchants

Faire des remarques négatives avec des mots blessants.

> *« Tu agis comme un enfant de 8 ans. Dire que tu en as 15 ! »*

9. Interpréter, analyser, diagnostiquer

Analyser le comportement de l'autre. Interpréter ses gestes ou ses paroles et être convaincu que notre vision est la bonne.

> *« J'ai bien vu que tu ne voulais pas t'y mettre. »*

10. Rassurer, consoler

Tenter de faire disparaître rapidement l'émotion désagréable (la culpabilité, la peine, la peur…) en rassurant ou en consolant.

> *« Ça va passer. Moi aussi, je suis fatigué. » « Tu vas voir qu'en t'y mettant, ça va aller mieux. »*

11. Distraire, blaguer, esquiver

Plaisanter ou faire des commentaires dans le but de distraire ou d'esquiver le problème, soit en raison d'un malaise émotionnel, soit pour éviter la discussion.

> *« Parlons d'autre chose, j'ai l'impression que tu t'es levé du mauvais pied ce matin. »*

12. Les injonctions

Transformer en consignes des opinions ou des croyances.

> *« Quand on travaille moins d'une heure par jour, on est sûr de ne pas y arriver ! »*

Affirmations positives contre rumination

Votre ado tient peut-être des propos de ce type, qu'il ressasse :

- *Le prof ne m'aime pas.*
- *C'est trop dur !*
- *Ce n'est pas la peine…*
- *J'aurai toujours une mauvaise note.*
- *Je pense à ma mère qui ne va pas être contente, comme toujours.*
- *De toute manière, je ne suis pas bon en maths !*
- *Ça sert à rien !*
- *Je ne suis pas capable de…*
- *Avec mon frère/ma sœur, c'est toujours la même chose !*

Ces petites phrases qu'on peut « ruminer » sans s'en rendre compte tout au long de la journée sont souvent inconscientes. Parfois elles font trop de bruit et nous envahissent. Elles se nourrissent de nos impressions, de nos expériences, de nos croyances, de nos peurs et nous embrouillent. Très souvent, elles sont là pour nous protéger. Mais, il faut le reconnaître, en voulant nous protéger, elles nous invitent à la procrastination[1] : à ne rien faire pour n'être ni déçu ni blessé, à ne pas passer à l'action (on ne sait jamais ce qui pourrait arriver…).

En outre, elles alimentent des cercles vicieux psychologiques : résignation, dévalorisation, évitement du risque ou du conflit… Les ruminations sont une forme de violence inconsciente qu'on s'inflige à soi-même tout comme :

- se juger ;
- culpabiliser ;

1. Procrastination : tendance (parfois pathologique) à différer, à remettre au lendemain ce qu'on pourrait faire le jour-même.

- s'autocritiquer ;
- se fermer à ses besoins ;
- se fermer à ses émotions ;
- être trop exigeant ;
- ne pas oser parler ;
- ne pas reconnaître ses réussites.

Si votre ado rumine, il suffit souvent de porter un autre regard sur la situation qui est source de mal-être. Ce nouveau regard vous permettra de comprendre que la réalité est différente et qu'une émotion se cache derrière ses pensées négatives.

> *Si votre ado prend de moins en moins la parole en famille, il est peut-être en train de ruminer qu'il n'est jamais écouté ou compris. Et cela peut venir d'une jalousie envers son frère, sa sœur ou un camarade de classe. Peut-être qu'il a suffi d'une remarque d'un adulte pour déclencher cette jalousie.*

Je vous propose un exercice qui est tout aussi valable pour vous que pour votre ado. Il peut même être pratiqué en face-à-face. Chacun renforçant la compréhension que l'autre exprime ; mais attention dans ce cas à appliquer toutes les recettes de la communication bienveillante.

Je vous invite à écouter ces « petites voix » : fermez les yeux et respirez plusieurs fois profondément, détendez votre corps, vos muscles et écoutez ce qu'elles vous disent. Parfois elles sont accompagnées d'images. Écrivez ces phrases et demandez-vous ce qu'elles vous disent justement sur vos peurs, vos besoins, vos expériences. Soyez bienveillant avec vous-même, ne jugez pas, n'interprétez pas. Observez et laissez passer. Cela permet de clarifier les pensées, de s'en libérer et d'entrer dans une dynamique positive. La médiation et le yoga sont deux approches particulièrement efficaces contre les ruminations. Même si vous ne les pratiquez pas, n'hésitez pas à utiliser ponctuellement des exercices mis au point dans ces disciplines.

Pour aider votre ado à atténuer ses pensées négatives – et même à s'en débarrasser complètement (c'est possible !) :

- aidez-le à replacer les choses dans leur contexte ;
- aidez-le à ne pas faire de généralités ;
- dans les conseils que vous lui donnez, remplacez les termes tels que « devoir », « il est nécessaire » et « falloir » par « préférer », « souhaiter » et « désirer » ;
- proposez-lui de les remplacer par des affirmations positives.

Remarquez que ces quatre façons de faire sont aussi valables pour lutter contre vos propres ruminations !

REPÈRES

Les affirmations positives

Ce sont des petites phrases bienveillantes que l'on prononce mentalement le matin avant de se lever, le soir en se couchant, sur le chemin du collège ou du lycée, avant un examen ou un moment important. Répéter régulièrement ces phrases, à la façon des mantras, renforce mentalement et positivement l'image que l'on a de soi.

Pourquoi les affirmations positives sont-elles si bénéfiques ? Parce que c'est une façon de « reprogrammer » nos pensées, comme on le ferait d'un programme informatique. On peut entraîner son cerveau à créer des chemins neuronaux qu'il réutilisera plus facilement. Autant créer des chemins positifs !

Exemples d'affirmations positives :

– *Je suis belle/beau et j'ai confiance en moi.*
– *Je travaille régulièrement et je réussis ce que je fais.*
– *Je me fais confiance.*
– *Je suis intelligent.*
– *Je suis un gagnant.*
– *Je fais les choses bien.*

- *Je suis sûr que je vais y arriver.*
- *Je m'ouvre à la joie et à tout ce qui est positif.*
- *J'accueille la réussite et le changement.*
- *J'ai le droit de ne pas savoir.*
- *On ne devient pas champion en une seule fois.*

Chaque parole positive prononcée à l'égard de votre ado renforce aussi ses pensées positives et permet de modifier son état émotionnel, sa « météo intérieure ». C'est le principe de la publicité qu'on nous martèle à la radio, à la télévision, sur les panneaux dans la rue...

EN PRATIQUE

Aider son adolescent à positiver

Vous pouvez bien sûr aider votre ado à lutter contre les ruminations négatives en l'accompagnant :

- « Quand une pensée négative te vient, essaye de voir ce qu'elle te dit de toi, de ton environnement... »
- « Remplace-la par une pensée positive. En effet, tes ruminations pourraient se transformer à la longue en croyances limitantes[1]. »
- « Passe à l'action. Je t'invite à démarrer une activité qui t'oblige à bouger, de préférence un exercice physique. Tu peux aussi commencer une activité dans laquelle tu penses être peu compétent ou peu à l'aise. Tu pourrais avoir une bonne surprise et réussir. »

1. Voir la note du bas de la p. 129.

RESSOURCES

Enrayer le processus de rumination avant qu'il ne s'installe

En tant que parent, vous avez un pouvoir énorme sur les ruminations de votre adolescent. Quand vous l'entendez prononcer une phrase négative ou commencer à ressasser, vous pouvez intervenir pour lui faire prendre conscience, d'abord et avant tout, du mécanisme qui se met en place :

- pour l'empêcher de généraliser ce qu'il vient de vivre, demandez-lui combien de fois c'est arrivé ;
- pour qu'il ne se laisse pas envahir par une émotion négative, demandez-lui ce qu'il ressent dans son corps, demandez-lui de nommer cette émotion et d'essayer de comprendre d'où elle vient ;
- pour éviter une interprétation erronée, demandez-lui de regarder les choses sous un angle différent, par exemple en se mettant à la place d'une autre personne ;
- expliquez-lui ce qu'est la rumination ;
- proposez-lui de s'appuyer sur des phrases ressources (des citations, des mantras, des affirmations positives…).

Favoriser la communication

La France est le pays le plus mal classé quant au dialogue entre les adolescents et leurs parents, parmi 42 pays ou régions du monde étudiés[1]. Seulement 33 % des garçons estiment pouvoir parler facilement avec leur père des sujets qui les préoccupent (quand ils sont 71 % en Islande). L'auteur de l'article constate que les parents sont obnubilés par la performance à l'école et que cette obsession monopolise les échanges. J'ai dit plus haut combien les activités extrascolaires sont importantes pour sortir de cette obsession (p. 58). Je redis ici combien elles sont essentielles pour que les temps d'échange avec nos ados soient des temps de qualité. En outre, pour favoriser la communication, je vous invite à mettre en place ces bonnes pratiques :

- dites stop aux écrans (pas d'écrans pendant les repas) ;
- ne répondez pas au téléphone quand vous parlez avec votre ado ;
- sachez éteindre la musique ;
- faites des pauses de silence ;
- prenez du temps avec chacun de vos ados isolément ;
- pour une discussion importante, essayez de trouver un endroit neutre : en sortant par exemple de la maison (ou au moins de sa chambre !).

RESSOURCE

La boîte ressource pour faire des activités ensemble

Prenez une petite boîte et invitez chaque membre de la famille à y glisser ses idées et ses envies de sortie, d'activités. Faites un tirage au sort et organisez la sortie ou l'activité qui a été retenue.

1. Enquête internationale sur les comportements des jeunes menée par l'OMS, version 2014. Citée par Claude Martin, sociologue dans « Parlons d'autre chose que de leurs notes avec nos ados », www.theconversation.com, 15 mars 2018.

Pour stimuler le dialogue, usez sans compter des questions ouvertes. Voici quelques exemples de questions qui permettent d'engager un échange vivant :

- Pour faire prendre conscience à votre ado de ce qui est beau ou positif :
  - *De quoi es-tu fier ?*
  - *Quel a été ton moment préféré de la journée ?*
  - *Qui as-tu aidé ?*
  - *Qu'est-ce que tu as fait de positif ?*
  - *Qu'as-tu trouvé de beau ?*
  - *Qu'est-ce que tu as fait de beau ?*
  - *Qu'est-ce que tu as créé ?*
- Pour résoudre un problème :
  - *Qu'est-ce que tu t'es dit ?*
  - *Qu'as-tu voulu faire ?*
  - *Qu'est-ce qui marche ?*
  - *C'est quoi la règle ?*
  - *Comment as-tu réussi ?*
  - *De quoi aurais-tu besoin ?*
- Pour inviter votre ado à coopérer :
  - *Que pourrais-tu faire pour que cela n'arrive plus ?*
  - *Quelle est ton idée pour résoudre cette question ?*
  - *Sur quoi t'engages-tu ?*
  - *Que penses-tu d'aller t'excuser ?*
  - *Penses-tu que c'était une bonne idée ?*
  - *Comment puis-je te soutenir ? Comment pouvons-nous t'aider ?*

J'ai dit plus haut que désaccord ne voulait pas dire désamour. Alors osez exprimer votre désapprobation :

- *J'entends ce que tu me dis. Je ne partage pas ton avis.*
- *OK, fait comme ça. Retiens que je ne suis pas favorable à cette idée.*
- *Je ne suis pas d'accord...*
- *Ce que tu me dis me fait peur. Es-tu sûr que c'est ça que tu veux ?*

Mettre fin à la guerre de tranchées

L'accumulation ou la répétition de malentendus, de mots blessants, d'incompréhensions provoque des déceptions et engendre des stratégies de protection. Votre ado met son armure et vos mots glissent dessus, sans le toucher ou, pire, il n'en retient que le négatif. Cela peut aller jusqu'à la perte de la confiance en lui et en vous. Il ne sert plus à rien de lui dire : « Écoute-moi ! » Il y a bien longtemps qu'il ne vous écoute plus.

On peut appeler ce sentiment « rancœur » ou « ressentiment ». Il trouve très souvent son origine dans une injure, une humiliation ; il est l'expression d'une blessure ; il peut générer une rumination. On fait payer à l'autre ce ressentiment. Et dans l'immense majorité des cas, le ressentiment de l'un nourrit celui de l'autre. Il y a escalade, un cercle vicieux s'installe. C'est ce que j'appelle la « guerre de tranchées ».

C'est un classique des blocages dans la relation de couple et c'est à ce titre une des bases de travail dans les ateliers de reconstruction du couple. On y est confronté dans tous les échanges relationnels et particulièrement dans la relation parent-ado. Le ressentiment est souvent nié, caché : il s'exprime alors de façon détournée, soit par de l'agressivité, soit par une prise de distance.

Le ressentiment se nourrit de nos attentes contradictoires entre ce que nous avons et ce que nous n'avons pas. Il est le reflet de nos désirs et de nos peurs. Ce que notre ado fait, ce qu'il devient nous renvoie à nos faiblesses et à nos déceptions. Intérieurement, l'adolescent se dit : « J'ai essayé d'être l'ado que tu voulais que je sois et je vois que je ne peux pas y arriver. Je m'en veux de tout cela ! » De leur côté, les parents pensent : « Je vois que tu m'échappes, que tu veux voler de tes propres ailes, être toi et je t'en veux de m'abandonner. »

Dans le ressentiment, de l'ado, on entend :

- *Je lui en veux, il ne tient jamais ses promesses !*
- *Il me demande toujours plus.*
- *Il n'est jamais content de mes notes.*
- *Elle préfère ma sœur.*

Pour les parents, c'est :

- *Il me cherche, il le fait vraiment exprès.*

Cela peut être très subtil :

- *Je lui en veux d'être plus belle que moi, de mieux réussir que moi.*
- *Je lui en veux de ne plus me parler comme avant.*
- *Avec tous les sacrifices que j'ai faits pour lui, il pourrait...*
- *Moi, à son âge, je ne pouvais pas...*
- *Il se prend pour qui ?*
- *Qui paye ses études ?*

Parent, une des réponses possibles pour sortir de cette guerre des tranchées est de commencer par vous aimer vous-même, par répondre à vos propres besoins et par vous faire confiance. Votre responsabilité de parent est de comprendre ce qui se passe, ce qui se met en place, et d'identifier les paroles, les comportements qui ont conduit à cette situation. Il vous faut démonter le mécanisme enclenché : « Tu m'as fait ça ; je te le fais payer comme ça ! » Ne culpabilisez pas pour autant. Mais maintenant que vous êtes conscient du processus, c'est le moment de renouveler vos façons de faire.

J'ai déjà mentionné dans les pages précédentes les mots à dire à son ado pour lui donner confiance, pour qu'il puisse s'appuyer sur ses compétences (pp. 149 à 156). Je complète ici avec des phrases qui favorisent la confiance relationnelle :

- *Tu peux aller vers les autres.*
- *Tu es quelqu'un de bien.*

- *Tu as droit à ta place.*
- *Tu as autant de valeur que les autres.*
- *Tu participes à la vie de la société, du monde.*
- *Tu as le droit de demander, de donner, de recevoir ou de refuser.*

La place du père

Un père, c'est important. D'après une étude de l'Unicef en France, 27 % des enfants et adolescents vivant avec un seul de leurs parents affirment ne pas pouvoir compter sur la figure paternelle[1]. Les jeunes garçons ont besoin de modèles pour grandir et s'épanouir, et c'est le plus souvent vers leur père qu'ils se tournent pour trouver leurs propres repères. La parole et le regard des pères sont essentiels dans l'éducation. Nous devons valoriser leur place au sein de la famille. On sait aujourd'hui que la séparation ou l'absence du père est un facteur de mal-être.

Diverses études révèlent que l'implication du père a un impact positif sur la relation à l'autre des jeunes. Les effets de la présence du père peuvent toucher les aspects éducatif, social et familial de la vie des enfants, et même avoir un impact sur leur quotient intellectuel futur[2]. Aux États-Unis, des études ont aussi montré le lien entre délinquance et manque de père. Le résultat est d'ailleurs strictement le même, que le père soit absent physiquement ou qu'il soit absent dans sa relation à ses enfants.

Or il n'est pas facile d'être père quand on a manqué soi-même d'un modèle. Il faut inventer, dépasser ses peurs. Il faut aussi que la mère laisse de la place à son conjoint, qu'elle accepte qu'il fasse autrement que son propre père. En grandissant, l'ado se rend compte que son père n'est pas parfait et il arrive fréquemment qu'il en éprouve une déception. Cette étape est normale et, lorsqu'elle est vécue sainement, elle amène le garçon à prendre conscience de sa personnalité propre.

---

1. Étude menée par l'Unicef France portant sur 11 232 enfants répartis sur toute la France, dont 62 % âgés de 12 à 18 ans, de mars à mai 2014. « Adolescents en France : le grand malaise », www.unicef.fr, 22 septembre 2014.
2. Didier Dumas, *Sans père et sans parole. La place du père dans l'équilibre de l'enfant*, Hachette Littérature, 1999.

La relation père-fils

Il est particulièrement important que les pères apprennent à bien connaître leurs fils et à les reconnaître pour ce qu'ils sont réellement, et non pour ce qu'ils aimeraient qu'ils soient. Pour cela, ils peuvent :

- créer des occasions de se retrouver avec leur fils ; organiser des week-ends « entre hommes » ;
- reconnaître et accepter qu'il soit différent d'eux, qu'il ait un rythme différent, d'autres goûts, d'autres plaisirs... ;
- parler de tout avec lui, sans tabous ;
- oser lui dire qu'il l'aime et combien il l'aime.

Si le père est absent, d'autres figures masculines de l'entourage peuvent parfois remplir un rôle de modèle auquel l'ado pourra s'identifier : un oncle, un grand-père, un parrain, un éducateur... Il est préférable que la mère s'assure qu'au moins l'un d'entre eux entretient une relation plus étroite avec le jeune et joue ce rôle.

Même si certains pères l'appréhendent, il est absolument nécessaire qu'ils abordent eux-mêmes avec leur fils le sujet des relations sexuelles. Ils commenceront simplement par parler de la transformation du corps (apparition des poils, la mue de la voix...), et expliquerez ce qu'est une érection (de préférence avant la sixième). Ensuite (quelque temps plus tard, mais assez vite) ils pourront lui parler de préliminaires, de plaisir, de jouissance et de consentement mutuel, mais aussi de la pornographie et autres pratiques déviantes (le plus tôt possible). Ils veilleront à ne jamais déconnecter la sexualité d'une vision globale de la relation à l'autre : la relation sexuelle et la relation affective sont inséparables. Il faut parler autant du corps, du physique, du plaisir, de la performance que du sentiment amoureux et du bonheur qu'il y a à faire à deux cet apprentissage. Quand je parle de « performance », vous l'aurez deviné, ce n'est pas ma préoccupation première. Il s'agira le plus souvent de la mettre à sa juste place : bien après la relation humaine, la rencontre, l'affection, le soutien mutuel... Ce qui ne veut pas dire la nier ou l'oublier. Elle peut être une porte d'entrée pour les garçons qui y sont particulièrement sensibles, mais jamais une fin en soi.

Bien sûr, les échanges père-fils ne devront pas se limiter à ces sujets délicats ! Mais les pères nedoivent pas ce moment… et ils doivent toujours respecter son intimité. Les enfants grandissent très vite et les informations (et la désinformation) dans ce domaine sont accessibles en un clic. Les pères prendront l'initiative. Non pas pour leur ado questionner d'eux-mêmes, mais plutôt pour lui transmettre le meilleur de vous-mêmes. Si la relation père-fils est tendue, cela risque d'être difficile. Alors on peut de moyens détournés : aborder le sujet de façon générale, laisser traîner un livre, réagissez à un fait divers (par exemple, si l'actualité parle de la violence faite aux femmes, saisir l'occasion pour parler du respect et du consentement mutuel). Tout cela vaut mieux que de demander de façon abrupte : « Veux-tu qu'on parle de sexualité ? »

La relation père-fille

Quant à la relation père-fille, elle peut être assez tumultueuse. Il y a deux raisons à cela, liées l'une à l'autre. La première est que beaucoup d'hommes, et donc le père, ont une image déformée de la femme, voire franchement mauvaise. La deuxième est que l'un et l'autre ont souvent bien du mal à trouver la bonne distance entre eux.

L'image de la femme qu'ont beaucoup d'hommes est héritée d'une époque, pas si lointaine, où la femme avait un statut inférieur à l'homme. Pour caricaturer, l'homme respectait sa mère, choisissait sa femme et méprisait toutes les autres. Dans ce schéma, le père aura du mal à situer sa fille. Un exemple : celui du père qui vient de poser un regard de convoitise sur une jeune femme croisée dans la rue, presque de l'âge de sa fille, et qui se retrouve face à sa fille en arrivant chez lui. Ses pulsions peuvent le mettre mal à l'aise, même s'il est le plus vertueux des hommes. Sa fille peut ressentir ce malaise, et, même passager, il peut créer soit de la distance, soit une ambigüité dans ses relations avec sa fille.

Or la jeune fille est en pleine construction de son identité : les premiers regards des hommes sur elle peuvent être très perturbants, a fortiori ceux de son père. L'enjeu pour le père est donc de passer de la complicité qu'il a pu avoir avec sa petite fille à une relation d'adulte à adulte, en évitant autant que possible toute situation qui entraînerait un malaise ou une ambiguïté.

La première règle est bien sûr de respecter absolument son intimité et sa pudeur : pas de réflexion, ni graveleuse ni d'aucune autre sorte, sur son corps, tout particulièrement au moment de la puberté. Ensuite, il est fondamental de s'exprimer sur tous les sujets sensibles, en famille, de façon simple et naturelle. La règle « pas de tabou dans les conversations » doit s'appliquer, particulièrement autour de la table. Autre suggestion : faire des activités avec elle, à deux. Cela peut être de laver la vaisselle comme de faire du sport, ou n'importe quoi d'autre. C'est peut-être à la faveur d'un de ces moments-là, alors que sa mère n'est pas disponible, qu'une jeune fille se confiera à son père. Il se peut très bien qu'elle ait envie de s'adresser à lui ! Et ce jour-là, elle viendra lui raconter un déboire avec son amoureux, lui livrer ses interrogations sur l'avenir, auxquelles il répondra aussi naturellement qu'il l'aurait fait autour de la table familiale.

Et comme je l'ai dit dans l'encadré « Parents séparés : n'ayez pas peur » (p. 186), il est préférable de laisser son adolescente voir son père quelle que soit notre peur dans ce domaine, sauf à de rares exceptions concernant des faits bien établis.

Savoir s'excuser

> *« Je suis vraiment désolée ; quand nous t'avons changé d'établissement, nous pensions faire le bon choix pour toi. » Voilà ce qu'a dit Jean-Damien à son fils de 14 ou 15 ans, convaincu que cela lui permettrait de relativiser les difficultés qu'il avait traversées.*

Pourquoi s'excuser ?

S'excuser, c'est reconnaître que nous avons blessé l'autre. Même si nous avions une bonne intention. Les bénéfices sont nombreux :

- en reconnaissant que nous nous sommes trompons, nous laissons entendre que chacun peut se tromper… et notre ado aussi ;
- cela préserve le lien d'attachement et une relation saine ;
- cela permet de garder ou même de restaurer la confiance dans la relation.

Cela demande de ne pas culpabiliser de notre maladresse ou de notre erreur et, bien sûr, de reconnaître notre responsabilité. Cela demande aussi de savoir faire la différence entre une erreur d'appréciation, un choix malheureux, ou bien un comportement excessif, occasionnel ou récurrent.

> *« Oui, je t'avais promis d'être présent à ton match de foot et je ne suis pas venu. J'étais pris par mon travail. Je te demande de m'excuser. Je sais que c'était important pour toi. »*

Claude Lelouch et Johnny Hallyday ont tourné ensemble le film *Salaud, on t'aime* : c'était pour eux une façon de s'excuser auprès de leurs grands enfants des pères qu'ils n'ont pas su être et des blessures que leur absence a créées.

S'excuser est un art difficile

Disons simplement ce qui nous a conduits à faire tel choix, à prononcer telles paroles. Évitons les explications trop longues.

« Quand je t'ai vue dans cette robe très courte avec ce rouge à lèvres, je n'ai pas pu me contrôler. Je t'ai injuriée. »

Expliquons pourquoi, volontairement ou involontairement, nous avons blessé notre ado.

« Oui, ma remarque était disproportionnée. J'avais peur que tu te fasses agresser dans la rue. »

S'excuser, c'est dire ce que l'on ressent

Quand on commence à travailler sur ses propres émotions, on fait encore beaucoup de maladresses. Il ne faut pas hésiter à dire ce que l'on ressent :

« Hier, je me suis mal exprimé envers toi, je te demande de m'en excuser. J'étais en colère à cause de mon travail. Ce n'était pas contre toi. Comme je travaille sur une meilleure connaissance et un meilleur accueil de mes émotions, j'apprends ; ce n'est pas facile. »

S'excuser, c'est aussi proposer à l'autre de réparer

« Dis-moi si je peux faire quelque chose pour toi par rapport à ce qui s'est passé. »

S'excuser évite le jeu des rancœurs

S'excuser, ce n'est pas dire « je m'excuse » mais « je te demande de m'excuser ». C'est reconnaître nos imperfections et nos faiblesses sans rendre notre ado responsable.

Attention : si vous êtes tout le temps dans l'excuse, peut-être y a-t-il chez vous trop de culpabilité, un manque de confiance en vous ? Si c'est le cas, je vous invite instamment à faire le travail nécessaire et adapté pour évoluer, pour vous libérer progressivement de cette culpabilité. D'abord parce que vous vous ferez du bien ; ensuite parce que vous ferez grandir votre relation mutuelle.

OUTIL

Le message clair

Pour consolider la relation, je vous propose un outil à utiliser dans de nombreuses circonstances. Le « message clair » a été imaginé par Danielle Jasmin en 1994 pour mettre en place une communication de qualité, ouverte. Il se décompose en six temps[1] :

1 Je t'informe que je vais t'adresser un message clair : es-tu disponible pour le recevoir ?
2 J'exprime mon plaisir ou ma souffrance, mon ressenti et mes émotions.
3 J'explique dans quelles circonstances cela arrive ; je décris la situation en étant précis et en donnant des faits concrets.
4 J'explique mon besoin.
5 Je vérifie que tu as bien compris ; je demande si j'ai été clair.
6 Je te propose de chercher ensemble une solution.

Dans ce processus, il est important de respecter les réponses de son interlocuteur, notamment aux temps 1, 5 et 6.

1. « Les messages clairs : une technique de prévention et de résolution des petits conflits à l'école », https://eduscol.education.gouv.fr.

L'ensemble du processus permet d'apprendre à prendre du recul sur l'événement, à observer, à comprendre l'enchaînement des pourquoi et des comment. Cela permet de s'exercer à s'exprimer sans critique et sans jugement, en se limitant aux faits et aux ressentis. C'est une excellente occasion d'explorer ses émotions, de les reconnaître, de comprendre quand et comment elles arrivent. C'est une opportunité pour identifier ses besoins. Pour certaines personnes, le fait de se lancer dans le processus va les obliger, progressivement et en pratiquant régulièrement l'exercice, à exprimer émotions et besoins ; à chercher des solutions. Pour d'autres, cela sera plus compliqué et il peut être opportun de trouver des ateliers de découverte de l'intelligence émotionnelle pour initier ces nouvelles habitudes[1].

OUTIL

Lettre à mon ado

Pour assainir votre relation, je vous invite à entrer dans une démarche qui sort de l'ordinaire, très simple en apparence mais très efficace.

- Écrivez une lettre à votre ado, idéalement un an après son départ de la maison. Ou plus tôt si vous sentez que c'est nécessaire, par exemple lors d'un changement de mode de garde et de résidence si vous êtes séparé de votre conjoint, ou quelques mois après un événement particulièrement difficile – harcèlement scolaire, accident corporel, etc.
- Écrivez à la main et envoyez votre lettre par la poste : de cette façon, vous surprendrez votre ado et vous lui ferez comprendre qu'il ne s'agit pas d'une démarche ordinaire.
- Dites-lui la joie que vous avez eue à partager une partie de votre vie avec lui. Soulignez les épreuves qu'il a vécues et qu'il a su dépasser, les événements qui ont été difficiles à vivre, et montrez-lui le parcours accompli. Dites-lui que vous êtes fier de la façon dont il a fait face à ces événements heureux ou difficiles.
- Cette lettre sera aussi l'occasion de reconnaître que vous avez pu être maladroit à certaines étapes de sa vie. Si besoin, demandez pardon, pour ce que vous avez mal fait, pour ce que vous n'avez pas su donner.
- Je vous invite à conclure en exprimant à quel point vous êtes heureux de le voir voler de ses propres ailes. En lui souhaitant le meilleur.

Je vous fais totalement confiance pour y glisser les mots d'amour d'un père ou d'une mère. Dernière chose : n'attendez rien de cette lettre. Elle a un grand pouvoir, mais vous n'en maîtrisez pas les conséquences : vous ne saurez jamais si vous aurez un retour, ni quand, ni sous quelle forme.

1. Voir les ateliers proposés par l'association Oze sur le site https://educationpositive-oze.fr.

Conclusion

Les adolescents ne se connaissent pas. Souvent, ils ne s'aiment pas.

Pourtant, ils viennent au monde en ayant été désirés – voire, pour beaucoup maintenant, « programmés ». Ils sont façonnés, bousculés par les autres, par les événements de la vie... Ils maîtrisent bien peu de choses dans leur existence, notamment parce qu'ils dépendent matériellement de leurs parents. Beaucoup de ces jeunes se croient sans valeur, pensent qu'ils ne peuvent pas prendre leur vie en main. Pourtant, ils ont tout pour être pleinement acteurs – et cela très tôt. Ils ont tout en eux pour s'épanouir : l'envie d'apprendre, l'envie de faire, l'envie de s'engager, l'envie d'expérimenter. Soyez-en persuadé, ils devraient vous étonner.

Je vous invite une dernière fois à transmettre à votre ado les clés pour faire des choix conscients ; pour définir un projet de vie ambitieux, pas forcément pour garnir un compte en banque mais pour oser vivre ses rêves et exprimer ses talents. Bien sûr, cela demande de se fixer des objectifs intermédiaires et de passer par des apprentissages. Et aussi de savoir répondre à ces quelques questions fondamentales :

- Qui suis-je ?
- Quelles sont mes qualités ?
- Quels sont mes talents ?
- À quoi est-ce que je dis non, à quoi est-ce que je dis oui ?
- Qu'est-ce que j'ai besoin d'apprendre ?
- Quelle va être ma contribution à ce monde ?

Relisez les questions posées p. 54 et répondez-y de nouveau, non seulement après la lecture du livre mais surtout trois ou quatre semaines après que vous aurez commencé à changer votre regard et votre façon d'être avec votre adolescent. Mettez dès maintenant des repères dans votre agenda pour vous encourager à passer à l'action sur telle ou telle proposition du livre. Relisez un passage. Vous avez le pouvoir de changer l'ambiance à la maison, la relation avec votre ado... et d'influer sur son avenir. Saisissez cette chance.

Ce sont des questions qui ne sont pas faciles. Pas facile de choisir dans cette société d'abondance... Abondance d'informations, de possibilités, d'écoles, de voyages... Pas facile de faire l'expérience du silence, de l'ennui, du rêve, du manque ! Nous vivons dans un environnement de plus en plus sécuritaire, mais c'est une fausse sécurité, une sécurité technique qui ne répond pas à l'insécurité affective et intérieure. Alors il s'agit avant tout d'aimer nos jeunes pour ce qu'ils sont.

L'adolescence n'est pas une période si difficile : si vous partez du principe que cela va être une période magnifique et si vous orientez vos pensées, vos paroles et vos façons de faire en conséquence, vous pourriez bien avoir de belles surprises ! Comme la plupart des parents, vous souhaitez que votre fils ou votre fille connaisse une vie meilleure que la vôtre. C'est tout à fait possible en lui offrant un environnement qui lui permette de trouver sa juste place, en cohérence avec ses talents. Nous pouvons changer notre façon d'être avec nos ados. Nous pouvons changer le regard que nous portons sur eux.

Mes enfants ont été mes éducateurs, au moins autant que les philosophes ou les psychologues. Je souhaite qu'il en soit de même pour vous, chaque jour un petit peu.

Bibliographie et ressources

Livres

François Beck, Florence Maillochon et Ivana Obradovic, *Adolescences ? Comprendre vite et mieux*, Belin/EPPDCSI, 2014.

Alain Braconnier, *Optimiste*, Odile Jacob, 2013.

Roger Fiammetti, *Le Langage émotionnel du corps. Tome 2 : Décoder et résoudre les conflits psycho-émotionnels*, Dervy, 2006.

Christian Flèche, *Décodage biologique des maladies*, Le Souffle d'or, 2012.

Christian Flèche et Claire Flèche, *Moi malade, mais pourquoi ? Le sens des maladies dévoilé aux jeunes*, Le Souffle d'or, 2010.

Olivier Galland, *Sociologie de la jeunesse*, Armand Colin, 2011.

Olivier Galland, *Les Jeunes*, La Découverte, 2009.

David Gourion, *La Fragilité psychique des jeunes adultes. 15-30 ans : prévenir, aider, accompagner*, Odile Jacob, 2015.

Matthieu Grimpret, *Le Coaching scolaire. Aidez votre enfant à découvrir son potentiel*, Eyrolles, 2014.

Thierry Janssen, *La maladie a-t-elle un sens ? Enquête au-delà des croyances*, Fayard, 2008.

Bernadette Lemoine et Diane de Bodman, *Petites Phrases à leur dire pour les aider à grandir. 0-8 ans*, Albin Michel, 2018.

Bernadette Lemoine et Diane de Bodman, *Trouver les mots qui font grandir pour les aider à s'épanouir. 8-13 ans*, Albin Michel, 2019.

Michel Odoul, *Dis-moi où tu as mal, je te dirai pourquoi*, Albin Michel, 2002.

Inès Pélissié du Rausas, *S'il te plaît, maman, parle-moi de l'amour. Que dire à ma fille préadolescente de 9 à 13 ans*, Saint-Paul, 2013.

Inès Pélissié du Rausas, *Papa, s'il te plaît, c'est beau l'amour? Que dire à mon fils préadolescent*, Saint-Paul, 2014.

Marie Romanens et Patrick Guérin, *Pour une écologie intérieure. Renouer avec le sauvage*, Le Souffle d'or, 2017.

Françoise Rougeul, *J'aide mon ado à grandir*, Eyrolles, 2012.

Jacques Salomé, *T'es toi quand tu parles. Jalons pour une grammaire relationnelle*, Albin Michel, 1991.

Dr Daniel Siegel, *Le Cerveau de votre ado. Comment il se transforme de 12 à 24 ans*, Les Arènes, 2018 (traduction de l'ouvrage original de 2013).

Sites Internet

Adozen.fr

Blog de Carole Yvel : adolescence-positive.com

Blog de l'association Oze : educationpositive-oze.fr

Annexes

EXERCICE

Solution du jeu des 9 points (p. 86)

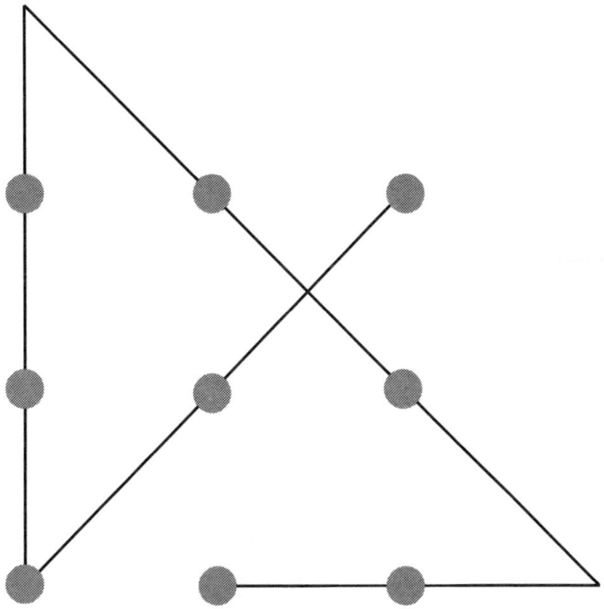

EXERCICE

Quels sont les qualités et les talents de mon ado ?

Pour vous aider à parler des qualités de votre ado plutôt que de ses faiblesses, voici une liste d'adjectifs et de termes à utiliser.

Adaptable
Appliqué
Apprend facilement
Attentif
Attentionné
Audacieux
Autonome
Bienveillant
Calme
Capacité d'analyse
Concentré
Confiant
Créatif
Efficace
Entreprenant
Esprit critique
Fier
Habile de ses mains
Honnête
Inventif
Joyeux
Logique
Méticuleux
Optimiste
Organisé
Persévérant
Pragmatique
Prend des risques
Prudent
Sensible
Serviable
Travailleur

Table des matières

Introduction 11

1 – Premiers repères 17

Petite histoire de l'adolescence 18

Photographie de l'adolescence aujourd'hui 24

Une société de surconsommation 26
L'excès d'activités 28
Le numérique : de graves répercussions 32
Une peur de l'avenir grandissante 39

La puberté 46

2 – Changer notre regard 53

Premières questions 54

Le « trou dans le mur » 56

Double crise : « Les enfants sont mon miroir » 60

Stop à la pression scolaire 64

Un trop-plein d'aide 67

Ce que nous disent les neurosciences 69

L'état de santé de nos ados 73

La violence ordinaire 76

Le harcèlement fusionnel 82

Qu'est-ce que se sentir adulte ? 83

Nouveau regard sur le parcours scolaire 88

Quel établissement scolaire pour votre ado ? 88

Connaître l'établissement en profondeur 88

Réfléchir aux besoins de son ado 88

Envisager une structure alternative 89

L'orientation scolaire 90

Des études trop longues ? 92

Les addictions 95

Les origines des addictions 95

L'éducation, premier rempart aux addictions 99

3 – Qu'est-ce que nos ados nous disent ? 105

Quand nos ados se défendent 106

Voir l'intention derrière les actes 109

4 – Les besoins et les émotions des adolescents 113

Besoin : premiers repères 114

Sommes-nous inspirants pour nos enfants et nos ados ? 119

Développer l'intelligence émotionnelle 126

La nécessité de la joie 131

Et quand on bride l'envie et la joie ? 135

La colère, la peur 139
La colère 139
La peur 142

Renforcer leur mental 144

L'effet Pygmalion ou la prophétie autoréalisatrice 146
Comment encourager son ado 149
En cas de désaccord ou de déception 150
La force du compliment «descriptif» 152
Des encouragements mesurés 155

Se confronter au regard de l'autre 157

5 – Être parent d'adolescent 163

Aimer inconditionnellement et risquer de déplaire 164

Les langages de l'amour 166

Parler de sexualité sans tabou 168

Accueillir la fragilité et l'insécurité 174

L'obsession sécuritaire 175

Oser et savoir dire non 178

Oser dire non 178
Savoir dire non 180

Ajuster notre autorité 185

Vivre notre vie tout en assumant notre rôle de guide 188

Attention à nos injonctions 190

Les résultats scolaires 193

Croire en leurs talents 195

Laisser nos ados commettre des erreurs 197

L'expérience comme outil d'apprentissage 197
Exiger n'est pas stresser 201
Progresser 202

Renforcer leur estime 205

Les freins au développement d'une bonne estime de soi 208
Favoriser l'estime de soi de son ado 210

Faire confiance 213

Réussir ensemble 216

6 – Bien communiquer 219

Les freins à la communication 220

Affirmations positives contre rumination 224

Favoriser la communication 229

Mettre fin à la guerre de tranchées 231

La place du père 234

La relation père-fils 235
La relation père-fille 236

Savoir s'excuser 238

Conclusion 243

Bibliographie et ressources 245

Livres 245
Sites Internet 246

Annexes 247

Ouvrage publié sous la direction de Laure Paoli

Réalisation éditoriale : Véronique Galland
Révision et corrections : Antoine de Quelen, Alice Breuil
Conception graphique : Stéphanie Le Bihan

Composition : IGS-CP
Impression : Normandie Roto Impression S.A.S. en août 2019

Éditions Albin Michel
22, rue Huyghens, 75014 Paris
www.albin-michel.fr

ISBN : 978-2-226-43981-9
N° d'édition : 23327/01 – N° d'impression : 1902939
Dépôt légal : septembre 2019
Imprimé en France